Ana Werner

Nimm dein Land ein

Ana Werner

Nimm dein Land ein

Es ist an der Zeit,
dass du Gottes Verheißungen ergreifst

GloryWorld-Medien

1. Auflage 2022

Bibelzitate sind, falls nicht anders gekennzeichnet, der Elberfelder Bibel, Revidierte Fassung von 2017 entnommen. Weitere Bibelübersetzungen:

DBU: „Das Buch". Neues Testament – übersetzt von Roland Werner, Witten, 2009
GNB: Gute Nachricht Bibel, 2002
HFA: Hoffnung für alle, Basel und Gießen, 1983
LUT: Lutherbibel, Revidierte Fassung von 2017
NLB: „Neues Leben. Die Bibelübersetzung", Holzgerlingen, 2017
SLT: Schlachter 2000

Das Buch folgt den Regeln der Deutschen Rechtschreibreform. Die Bibelzitate wurden diesen Rechtschreibregeln angepasst.

Übersetzung/Satz: Manfred Mayer
Umschlaggestaltung: Eileen Rockwell / Jens Neuhaus, www.7dinge.de
Foto: Mark König, https://unsplash.com/photos/lLTwa21urpY
Druck: arkadruk.pl

Printed in the EU

ISBN: 978-3-95578-604-5
Bestellnummer: 356604

Erhältlich beim Verlag:

GloryWorld-Medien
Beit-Sahour-Str. 4
D-46509 Xanten
Tel.: 02801-9854003
Fax: 02801-9854004
info@gloryworld.de
www.gloryworld.de

oder in jeder Buchhandlung

Stimmen zum Buch

Das echte Leben kann hart sein, aber niemand kann von einem mit Zucker überzogenen Christsein leben. Das glauben zumindest meine geschätzte Seherkollegin Ana Werner und ich. Täler gehören zum normalen christlichen Leben dazu. Ein Teil des Problems ist allerdings, dass viele Gläubige dort ihr Zelt aufschlagen. Aber in Psalm 23,4 (GNB) heißt es: *„Und muss ich auch durchs finstere Tal …“* Auf der anderen Seite jedes Tals gibt es einen weiteren Berg, den es zu erklimmen gilt, und wenn du den Gipfel dieses Berges erreichst, ändert sich deine Sicht auf alles, sogar auf das Tal, durch das du gerade „gekrochen“ bist. Also geh weiter. Trainiere deine Glaubens- und Ausdauermuskeln und sei ein Bergsteiger. Gewinne neue Erkenntnisse und atme frische Luft, indem du die verschiedenen Jahreszeiten des Lebens durchstehst, um dein Gelobtes Land zu einzunehmen! Schließlich geht es auf dieser Reise darum, nicht nur für dich selbst ein Erbe zu erlangen, sondern auch, zum Wohle anderer Pionierarbeit zu leisten. Geh also weiter, denn du weißt, dass alle Dinge wirklich zum Guten zusammenwirken.

James W. Goll
Gründer von *God Encounters Ministries*
Autor von *Die Gaben des Heiligen Geistes freisetzen*, *Der Prophet* und *Geistlich wahrnehmen und unterscheiden*

Ana Werner hilft dir an dem Punkt, auf den es ankommt. Wenn du dieses Buch liest, wird jede Entmutigung verschwinden und du wirst wieder träumen!

Sid Roth, TV-Moderator von *It's Supernatural!*

Dieses Buch kommt zur rechten Zeit für alle, die mit Entmutigung und Enttäuschung zu kämpfen haben und deshalb die Verheißungen, die Gott ihnen gegeben hat, am liebsten aufgeben würden. Ana berichtet ehrlich und transparent darüber, wie sie das ihr durch Prophetien und Träume gezeigte verheißene Land im Gebet einnehmen konnte! Sie gibt praktische Tipps, wie du dein Vertrauen in Gott zurückgewinnen kannst, sodass du für deinen Durchbruch beten und kämpfen kannst!

Wenn du ermutigt und in deinem Glauben gestärkt werden willst, dann ist dies das richtige Buch für dich! Es ist Zeit, dein Land einzunehmen!

Carol Koch
Gründerin, *Children on the Frontlines*

Ich mag Ana Werner – ihre Leidenschaft, ihre Familie und ihre Liebe für den Herrn und sein Wort. Sie hat einen so festen Glauben, dass sie Gott nicht nur in Bezug auf seine großen Verheißungen vertraut, sondern auch in Bezug auf die Verheißungen, die „unermesslich mehr, als du bitten oder erhoffen kannst" sind.

In ihrem neuen Buch *„Nimm dein Land ein"* wird auch dein Geist angeregt, unserem unglaublichen Gott zu vertrauen, was seine noch unermesslicheren Verheißungen angeht. Dieses Buch liest sich, als würdest du mit Ana beim Kaffee sitzen, während sie von ihren beeindruckenden Glaubensreisen erzählt. Sie schreibt über Gottes Versorgung und wie gleichzeitig das Leben passiert und die Familie ein Abendessen braucht, und doch zieht dich jeder einzelne Absatz in einen tieferen Glauben hinein, damit du an noch größere Verheißungen Gottes glaubst.

Dieses Buch wird dich dazu inspirieren, an alles zu glauben und dich nach allem auszustrecken, was Gott versprochen hat. Es wird deinen Glauben wecken, so wie es meinen geweckt hat, damit du deine Verheißungen erkennst und dich aufmachst, um *dein Land einzunehmen*.

Julie Meyer
Autorin von *Die Bibel beten;* Intotheriver.net

Wir alle wissen, wie schwer es ist, „den guten Kampf des Glaubens zu kämpfen", „den Glauben zu bewahren" und, wie Jesus zu Petrus sagte, „unseren Glauben nicht zu verlieren". All das ist notwendig, damit sich die Verheißungen Gottes in unserem Leben tatsächlich erfüllen. Ana Werner vermittelt in ihrem neuesten Buch nicht nur wertvolle Erkenntnisse, sondern auch den Glauben, um nicht müde zu werden. Alles, was sich im Natürlichen manifestiert, haben wir zuerst im Geistlichen besessen. Gib nicht auf! Dieses Buch wird dir dabei sehr helfen.

Robert Henderson
Autor, *The Courts of Heaven Series*

Gott sagte Josua im Hinblick auf die Erfüllung seiner Verheißung an ihn und das Volk Israel sehr emphatisch, er solle stark und mutig sein, sich vor nichts fürchten und sich nicht entmutigen lassen. Mit anderen Worten: Gott meinte es ernst mit seinem Bund mit dem Volk, aber auch mit dem Land, das Israel erben sollte. Land hat etwas an sich. Land steht für Heimat, für Fruchtbarkeit und ein großes Potenzial an Segen. Jeder von uns, der dies liest, hat sozusagen ein „Erbland", das einzigartig für ihn ist und das mit seiner Bestimmung verbunden ist. Oft können wir unser „Land" sehen, haben aber keine Ahnung, wie wir dorthin kommen oder es in Besitz nehmen können!

Du hältst ein Handbuch des Durchbruchs in deinen Händen, das nicht nur die Schlüssel für die Reise zum Land der Verheißung enthält, sondern auch, wie man es in Besitz nehmen kann. Oftmals besiegen wir die Riesen im „Land der Verheißung" nicht, weil wir sie in unserem eigenen Herzen und Leben nicht besiegen. Ana spricht all das und noch viel mehr an und nimmt den Leser auf eine authentische Art und Weise auf ihren Weg zur Verheißung mit. Lass dich von ihr inspirieren und lass den Glauben wachsen, dass für die, die glauben, nichts unmöglich ist!

Benjamin A. Deitrick
Leiter und Visionär, Shekinah Church
Autor von *New Breed Arising*

Jesus hat den Vorhang zerrissen, damit wir ihm in einer unendlichen, herrlichen Beziehung begegnen können. Aber wir müssen uns dafür öffnen. Wir müssen es riskieren, vollständig erkannt zu werden und nichts zu verbergen, wenn wir in ihm vollkommen sein wollen. Er möchte mit dir Gemeinschaft haben und dass du ihm in seiner Herrlichkeit begegnest. Je mehr wir ihm Raum geben, desto mehr wird unsere Fähigkeit geweckt, uns dem Geist hinzugeben. Seine Liebe ist bedingungslos. Du kannst deine Schwächen, dein Versagen und deine Sorgen in seine Gegenwart bringen, und wenn du von Angesicht zu Angesicht in der Gegenwart seiner Herrlichkeit bist, werden seine Güte, seine Freundlichkeit und seine Liebe dich an einen Punkt der Hingabe, des Friedens, der Reinigung und der Vergebung bringen, wenn du dich ihm auslieferst. Dieses Bleiben in ihm bewirkt Reinheit, Offenbarung, Hingabe an seine Wege und ein Leben des Gehorsams, eine Bereitschaft, uns selbst zu sterben. Die Demut wird geweckt, wenn wir unten bleiben, um uns (danach) mit einem tiefgreifend veränderten Charakter zu erheben, der auf der Tenne seiner Gegenwart geformt wird. Wenn wir vor ihn kommen, wissen wir, dass wir nicht für den Sieg kämpfen, sondern vom Sieg her; und wenn wir aufgerufen sind, im Geist Autorität auszuüben, sind wir befähigt zu überwinden. Mit *Nimm dein Land ein* hat meine Freundin Ana eine ungeschminkte, transparente und wahre Botschaft geschrieben, die dich zu einer herrlichen, authentischen und hingebungsvollen Beziehung zu unserem himmlischen Vater, Jesus und dem Heiligen Geist führen wird. Diese Botschaft richtet sich an alle, die sich nach tiefer, echter Intimität und Beziehung sehnen, die jedem von uns offensteht. Sie bahnt den Weg zu tiefen Begegnungen und persönlichem Erwachen. Danke, Ana, für diese reine, schöne und verwandelnde Botschaft.

Rebecca Greenwood
Mitbegründerin von *Christian Harvest International*
Strategic Prayer Apostolic Network

Ana hat eine wunderbare Art, Gottes Liebe weiterzugeben und ihre innige Beziehung zu ihm auszudrücken.

Ihr neues Buch *„Nimm dein Land ein“* ermutigt dich, tief in dein Herz zu schauen und zu entdecken, dass du die Fähigkeit hast, Gott zu vertrauen wie nie zuvor.

Du lernst, dass du, bevor du dein Land einnimmst, genauso viel Freude und Frieden haben kannst, wie danach. Anas Erfahrungen und praktische Lehren werden dich stärken, die Hindernisse der Angst, des Zweifels und des Unglaubens auszumerzen und in die Ruhe des Glaubens einzutreten. Du wirst Gott froh und den Teufel wütend machen!

Durch ihre einfühlsame und direkte Art wird Ana dir helfen, nicht aufzugeben, das Rennen zu gewinnen und den Preis der Verheißung zu erlangen, der dir in Christus Jesus seit Grundlegung der Welt zugedacht ist!

Kevin und Kathi Zadai
Autoren von Encountering God's Normal
Warrior Notes Ministry

Inhalt

Vorwort 17

Einführung 21

1 Du bist dazu bestimmt zu regieren 25

2 In der Warteschleife 35

3 Fester Fokus 43

4 Durchhalten 59

5 Mit einem prophetischen Wort richtig umgehen 75

6 Überwinde die Riesen im Land 99

7 Ruhe ist Glaube 125

8 Nimm es in Besitz – Es ist Zeit, dein Land einzunehmen! 131

Über die Autorin 137

Widmung

Ich widme dieses Buch
allen Pionieren, Träumern, Visionären und denjenigen,
bei denen noch eine Verheißung Gottes aussteht.
Bleibt standhaft! Gebt nicht auf!
Gott ist treu.

Danksagungen

Ich bin so dankbar für Sam, meinen Mann, den festen Fels in der Brandung, den Gott mir gegeben hat. Du hast immer an mich geglaubt, mich angefeuert und dich auf jedes Abenteuer eingelassen, in das Gott uns gestellt hat. Wie Papa James Goll es ausdrückte: „Er ist der Anker deines Bootes – du bist das Segel, das sich auf Abenteuer einlässt."

An meine wunderbaren Kinder: Dass ihr einfach kindlich glaubt: „Warum sollte Gott das nicht tun?", lässt mich täglich in meinem eigenen Glauben wachsen. Wenn ich sehe, wie ihr euer eigenes Taschengeld für erledigte Hausarbeiten in unser kleines Glas in der Küche mit der Aufschrift „Alle Dinge sind möglich" hineinlegt, während ihr an unser „Gotteswunder" glaubt, bin ich so stolz auf die wunderbaren kleinen Menschen, zu denen ihr heranwachst.

Ich möchte mich persönlich bei unserer Familie bedanken, die uns mit ihrem Glauben und ihren Gebeten in dieser Zeit zur Seite steht. Während der Höhen und Tiefen, Täler und Gipfel dieses Glaubensweges habt ihr uns ermutigt und mehr geholfen, als ihr wohl jemals erfahrt.

Patricia King, James Goll und Tony Kemp – ich danke euch allen, dass ihr mir und meiner Familie mit euren prophetischen Ohren und eurem geistlichen Beistand zur Seite steht und Feedback gebt. Dies ist ein großer Segen für uns, und mit Worten lässt sich nicht ausdrücken, wie dankbar ich für all die Weisheit und die Gebete bin, die ihr in meine Familie und meinen Dienst investiert habt.

Ich bin so dankbar für meine gläubigen Freunde, die uns im Gebet beigestanden haben: Lee und Doris Harms, Becca Greenwood, Julie Meyer, Rick und Lori Taylor, Henry Calcagno,

Robert Henderson, Joan Hunter, Larry und Mercedes Sparks, Anthony und Melissa Medina, Jodie und Ben Hughes, Jessi und Parker Green, Ryan Bruss, Kevin und Kathi Zadai, Torrey Marcel Harper, Holly Smith, Krissy Nelson und Kim Glover.

Sid Roth, ich bin dir so dankbar dafür, dass du dich für mich eingesetzt hast. Ich werde nie den Tag vergessen, an dem du dich weit aus dem Fenster gelehnt und mir die Tür geöffnet hast, damit ich mit meiner eigenen Fernsehshow Millionen von Menschen auf der ganzen Welt dienen kann. Ich bin immer wieder überwältigt von deiner Großzügigkeit! Ich hoffe, dass ich, solange ich lebe, genauso leidenschaftlich und eifrig sein werde wie du, wenn es darum geht, dass die Verlorenen zu Jesus kommen.

Dem Vorstand und dem Team meines Dienstes möchte ich sagen: Melissa Florance, Josiah und Hannah Wyatt und Kate Ranstrom – ihr seid für immer unsere Freunde. Ja, ihr werdet uns nicht los, egal, wo wir alle noch enden werden! Ich bin zutiefst dankbar für eure Freundschaft und feuere jeden Einzelnen von euch an, während ihr all die vor euch liegenden Abenteuer mit Gott angeht!

Vielen Dank dem Team von *Destiny Image,* für all eure harte Arbeit und eure Energie, mit der ihr mir geholfen habt, das alles zusammenzustellen. Ihr seid fantastisch und so liebenswürdig!

Zuletzt möchte ich all jenen danken, die mit ihren Gebeten und ihrem finanziellen Segen persönlich in unsere Vision investiert haben. Ich bete dafür, dass der Herr euch segnet und dass ihr alles, was ihr gesät habt, in großer Fülle erntet. Ich wünsche euch, dass ihr alle euren Ort des Friedens und der tiefen Begegnung mit dem lebendigen Gott finden werdet!

Vorwort

Ich gratuliere Ana Werner zu ihrem Buch *„Nimm dein Land ein“* und segne sie dafür, dass sie den Preis bezahlt hat, der ihr die Autorität gab, es zu schreiben. Auf ihrem eigenen Weg, ihre prophetische Bestimmung zu erreichen, hat sie viele Hindernisse und Herausforderungen überwunden und wertvolle Erkenntnisse für den Durchbruch erworben, die sie nun nutzt, um andere zu ermutigen und zu befähigen. *Nimm dein Land ein* ist ein Buch, das dich lehrt, wie du dich auf deine eigene prophetische Reise begeben kannst, indem du dich auf die Verheißungen einlässt und die Prüfungen durchstehst. Viele Gläubige erreichen ihre prophetische Bestimmung nie, einfach weil sie nicht wissen, wie sie dabei mit dem Herrn zusammenarbeiten können. Aus diesem Grund hat Ana diese wertvolle Ressource zusammengestellt.

Abraham erhielt die Verheißungen von Gott, er werde ein Vater vieler Völker sein und unvorstellbar und unzählbar viele Nachkommen haben (vgl. 1 Mose 12,2-3; 13,14-16). Das waren großartige Verheißungen, doch zunächst sah es nicht danach aus, als könnten sie auch in Erfüllung gehen. Sie erfüllten sich nicht sofort und es gab Hindernisse, denen er sich stellen und die er überwinden musste. Es gab Herausforderungen im Natürlichen, die nur durch übernatürliches Eingreifen gelöst werden konnten. Er war schon relativ alt und seine Frau war unfruchtbar. Es brauchte großen Glauben, um an die Erfüllung einer solch außergewöhnlichen Verheißung und Bestimmung zu glauben. Und es erforderte viel Geduld!

Aber Abraham glaubte und *„… obwohl nichts mehr zu hoffen war, hielt er an der Hoffnung fest“* (Röm 4,18 GNB). Er hielt unerschütterlich an den Verheißungen fest und tat sein Bestes, um Gottes Führung und Anweisungen zu gehorchen. So kam er schließlich in den Genuss der Erfüllung all dessen, was Gott verheißen hatte. Epheser 3,20 lehrt uns, dass Gott fähig ist, mehr zu tun als alles, was wir bitten oder erdenken können. Das können wir bei Abraham mit Sicherheit sehen, aber ist er seinen Weg perfekt gegangen? Überhaupt nicht! Die Bibel zeigt Abrahams Schwachstellen und „Ausrutscher", aber auch, wie er wieder auf den richtigen Weg kam. Wir sehen seine Erfolge und Misserfolge, aber wir sehen auch Gottes große Gnade, Barmherzigkeit und Geduld in den Zeiten, in denen Abraham sich schwertat. Das sind hilfreiche und ermutigende Erkenntnisse, die uns helfen können, den Weg zur Erfüllung unserer persönlichen prophetischen Verheißungen zu meistern.

Am Anfang meines Lebens als Christ erhielt ich ein sehr tiefgehendes prophetisches Wort, das mir offenbarte, zu welchem Dienst ich berufen war. Damals hatte sich noch kein einziger Teil der Prophezeiung erfüllt. Das prophetische Wort verkündete Dinge, die mir bis dahin noch nie in den Sinn gekommen waren. Ich schrieb das Wort von einer Tonaufnahme ab, meditierte oft darüber und gab Gott mein „Mir geschehe nach deinem Wort". Im Laufe der folgenden Jahrzehnte entfaltete sich das prophetische Wort und erfüllte sich nach und nach. Zum jetzigen Zeitpunkt hat sich das Wort fast vollständig erfüllt – bis auf eine Aussage, von der ich überzeugt bin, dass sie in den kommenden zehn Jahren eintreten wird. Wenn ich zurückblicke, sehe ich den Weg, den der Herr meinen Mann und mich geführt hat, die Hindernisse, die wir überwunden haben, und die vom Geist geleiteten Vorbereitungen, die wir getroffen haben, um die Erfüllung der Verheißungen zu ermöglichen. Wir haben uns auf die vom Geist eingegebenen prophetischen Aussagen eingelassen und durften miterleben, wie sie in Erfüllung gingen.

In *Nimm dein Land ein* wird Ana dir helfen, deine persönlichen prophetischen Verheißungen zu empfangen und dich zusammen mit dem Heiligen Geist auf deinen persönlichen Weg zu machen, damit sich deine Bestimmung erfüllt. Du wirst wichtige Dinge entdecken, die dir auf diesem spannenden Weg ganz praktisch helfen werden, erfolgreich mit Gott zusammenzuarbeiten.

Es ist deine Stunde, dich zu erheben und alles zu empfangen, was der Herr für dich bereithält. Er ist bei dir, wenn du dich auf dieses aufregende Abenteuer einlässt. Er ist voller Vorfreude und Zuversicht, denn er träumt davon, dass du die Erfüllung deiner Bestimmung erleben wirst. Er ruft dich vorwärts und aufwärts. Bist du bereit? Wenn ja, dann nimm seine Hand und folge ihm, während er dich in die Fülle dessen hineinführt, wofür er dich geschaffen hat! Mache dich mit Zuversicht auf den Weg und „nimm dein Land ein“.

Patricia King

Einführung

Der heutige Tag markiert einen Neuanfang für dich. Ich bete, dass du, wenn du dieses Buch in die Hand nimmst und jeden Tag darin liest, spürst, wie der Heilige Geist dich erfüllt. Ich hoffe, dass du die Kraft, Kühnheit und den Mut empfängst zu glauben, dass die Verheißung Gottes über deinem Leben „Ja und Amen" lautet! Möge deine Vision wiederhergestellt werden und möge Gott dir Klarheit darüber verschaffen, wohin er dich führen will.

Ich weiß nicht, wohin dich die Reise deines Glaubens bisher geführt hat. Vielleicht geht es dir ja wie mir: Du betest und kämpfst seit Jahren um das „D"-Wort. „Durchbruch" ist das Wort, um das es mir hier geht! Vielleicht begibst du dich aber auch gerade erst auf den Weg, Glauben für etwas zu haben. Wo auch immer du dich auf dem Weg in das verheißene Land Gottes für dein Leben befindest, ich weiß, dass Gott dich heute ermutigen möchte.

Gehe weiter! Hör nicht auf zu glauben und auf Gott zu vertrauen!

Lass uns den Weg des Glaubens gemeinsam gehen. Ich möchte, dass du weißt, dass ich für jede Person gebetet habe, deren Blick auf diese Seiten fällt – dass du Glaube, Ausdauer und Stärke empfängst.

Dein Feind

Ich bin fest davon überzeugt, dass die Augen des Herrn in dieser Stunde über die Erde schweifen und nach einem Volk Ausschau halten, das voller Glauben ist, das ihn von ganzem Herzen anbetet und das im Angesicht seiner Feinde unerschütterlich ist.

Vielleicht ist dein größter Feind heute der Selbstzweifel. Oder vielleicht die Angst selbst. Oft neigen wir von Natur aus dazu, den Teufel und seine Pläne viel größer zu machen als unseren Gott. Weißt du, was die Bibel sagt?

„Der Gott des Friedens aber wird in Kurzem den Satan unter euren Füßen zertreten“ (Röm 16,20). Es heißt auch: *„Du bereitest vor mir einen Tisch angesichts meiner Feinde“* (Ps 23,5).

Lass mich dich heute zunächst daran erinnern oder dir einen kleinen Denkanstoß geben: Gott ist viel größer als der Teufel! Ich weiß, dass du das schon weißt und gehört hast, besonders wenn du schon länger gläubig bist. Aber glaubst du es wirklich? Jesus hat ihn am Kreuz besiegt, und darauf können wir uns verlassen.

Es ist an der Zeit, dein Vertrauen zu Gott zurückzugewinnen!

Wenn wir kämpfen müssen, was manchmal sehr heftig sein kann, ist es allerdings schwer, das Vertrauen zu wahren.

Es ist an der Zeit, dein Vertrauen zu Gott zurückzugewinnen!

Eine Erinnerung

Ich erinnere mich noch genau an einen Tag, an dem der Herr mein Denken über den Teufel radikal verändert hat. Der Heilige Geist hatte mir eine Frist gesetzt, ein Buch fertigzustellen, während ich gleichzeitig den Alltag als Mutter zu bewältigen hatte. Zu dieser Zeit hatten mein Mann und ich ein schwieriges Projekt in Angriff genommen: die Renovierung eines Hauses aus den 1930er-Jahren. Und wenn ich von Renovierung spreche, meine ich nicht nur ein paar kleine Veränderungen. Nein! Ich spreche von einer gründlichen Renovierung, bei der wir alles herausreißen und buchstäblich mit den Grundmauern des Hauses beginnen mussten.

Ich befand mich also inmitten einer Abrissbaustelle – überall war Staub und in der Decke unseres Esszimmers war ein Loch, das direkt in das Badezimmer im Obergeschoss führte – und versuchte, einen ruhigen und sauberen Platz zu finden, wo ich mich hinsetzen und schreiben konnte. In diesem Moment war ich von dem Kampf, überhaupt mit dem Schreiben anfangen zu können, fast überfordert.

„Gott, ich fühle mich so überfordert! Ich schaffe das einfach nicht!“, rief ich innerlich.

Zu meiner Überraschung erhielt ich eine klare Antwort vom Herrn: „Du bist nur so überwältigt, wie du es zulässt. Mit wessen Stimme machst du dich gerade eins? Ich bin viel größer als all das hier.“

Es war eine einfache Erinnerung, aber diese Erinnerung ließ mich nicht mehr los. Ich wurde an diesem Tag daran erinnert, dass unser Gott größer ist als alle Angriffe und Kriegswaffen, die ich jemals erleben werde. Er hat die Kontrolle, und er ist der Friede. Der Feind versucht immer, unseren Frieden zu stehlen. Doch die Sache ist die: Es ist für unseren Verstand schwer zu begreifen, aber Jesus, der ganz Mensch und ganz Gott war, wollte nicht nur Frieden, sondern er war und ist der Friede.

Je mehr ich über diesen Aspekt von Jesu Wesen nachgedacht habe, desto weniger habe ich auf die Intrigen und Pläne des Feindes reagiert, mich auszuschalten.

> *Frieden lasse ich euch, meinen Frieden gebe ich euch; nicht wie die Welt gibt, gebe ich euch. Euer Herz werde nicht bestürzt, sei auch nicht furchtsam* (Joh 14,27).

Bevor wir also beginnen, möchte ich dich bitten, innezuhalten und über ein paar Fragen nachzudenken.

Sei dabei ehrlich; das Ganze ist eine Sache zwischen dir und dem Heiligen Geist. Du sollst wissen, dass ich mir die gleichen Fragen stelle und mit dir darüber nachdenke. Tu dir selbst einen Gefallen und nimm dir die Zeit, sie wirklich betend durchzugehen. Überfliege die Fragen nicht einfach, wie es die meisten von uns tun, wenn wir Fragen in Büchern lesen! Die Beantwortung dieser Fragen wird dir tatsächlich helfen.

1. Gibt es einen Bereich in meinem Leben, in dem ich im Moment für den Feind empfänglich bin?

2. Welchen Lügen habe ich zugestimmt, die nicht von Gott sind?
3. Fragen wir nun den Heiligen Geist: Was ist die Wahrheit?

Kapitel 1

Du bist dazu bestimmt zu regieren

Ich bin zu 100 Prozent davon überzeugt, dass die Zeit, in der wir uns gerade befinden, die Zeit ist, in der wir Land vom Feind zurückerobern müssen. Der Feind dieser Welt ist auf der Pirsch und hat einen hinterhältigen Charakter. Der Teufel will dich gerade jetzt davon abhalten, voranzugehen und dir das zurückzuholen, was dir rechtmäßig gehört.

Du hast eine Bestimmung! Deine Bestimmung ist so viel größer und besser, als du es dir je vorstellen kannst. Wusstest du, dass der Himmel dich anfeuert?

> *Da wir nun eine solche Wolke von Zeugen um uns haben, so lasst uns jede Last ablegen und die Sünde, die uns so leicht umstrickt, und lasst uns mit Ausdauer laufen in dem Kampf, der vor uns liegt, indem wir hinschauen auf Jesus, den Anfänger und Vollender des Glaubens, der um der vor ihm liegenden Freude willen das Kreuz erduldete und dabei die Schande für nichts achtete, und der sich zur Rechten des Thrones Gottes gesetzt hat* (Hebr 12,1-2 SLT).

Kennst du das, wenn der Heilige Geist bestimmte Stellen in einem Text hervorhebt, um deine Aufmerksamkeit zu wecken? Zwei Dinge sind mir bei dieser Bibelstelle aufgefallen. Erstens, die Erwähnung der Wolke von Zeugen, die uns umgibt. Der Himmel schaut auf uns. Hast du das gewusst?

Einmal wurden mir sogar die geistlichen Augen geöffnet, um das tatsächlich zu sehen. Ich werde es nie vergessen. Ich drehte gerade meine Fernsehsendung *Eagles Arise* für Sid Roth. Apostel Tony Kemp war mein Gast in der Sendung und wir sprachen über die Herrlichkeit Gottes. Die Kameras liefen, alle Augen waren auf uns gerichtet und plötzlich wurden mir die Augen geöffnet.

Offene Visionen sind interessant und oft schwer zu erklären. Am besten kann ich eine offene Vision so beschreiben, dass sie wie ein Film abläuft oder sich über das Natürliche legt. Als wir dort saßen, sah ich plötzlich all diese Menschen vom Himmel in den Raum schauen. Hunderte von ihnen saßen da und wollten unbedingt sehen, was vor sich ging. Ihre Gesichter waren voller Freude und sie feuerten uns an.

Bevor du dieses Buch nun weglegst und denkst, ich hätte den Verstand verloren, möchte ich dich herausfordern: Was aber, wenn es vielleicht doch so war? Johannes schreibt im Buch der Offenbarung in der Bibel über eine offene Vision.

> *Nach diesem schaute ich, und siehe, eine Tür war geöffnet im Himmel; und die erste Stimme, die ich gleich einer Posaune mit mir reden gehört hatte, sprach: Komm hier herauf, und ich will dir zeigen, was nach diesem geschehen muss!* (Offb 4,1 SLT).

Ich persönlich werde diesen Moment im Studio nie vergessen. Die Zeit stand still, als mir klar wurde, dass der Himmel uns zusieht und uns anfeuert. Plötzlich schien der Himmel viel näher zu sein. Der Gedanke, eine „himmlische Perspektive" zu haben, wurde noch viel realer, und mein Blickwinkel änderte sich.

Wenn wir unser Denken erneuern und durch die Realität des Himmels verwandeln lassen, verschieben sich die Prioritäten.

In der Zeitachse Gottes haben du und ich ein kleines Zeitfenster, um auf diesem Planeten etwas zu bewirken. Wenn wir unser Denken erneuern und durch die Realität des Himmels verwandeln lassen, verschieben sich die Prioritäten. Plötzlich ändern sich die Dinge, die uns zu stören schienen oder unseren Ehrgeiz antrieben. Wenn wir unsere Gedanken auf den Himmel ausrichten und er unser Herz zum Schmelzen bringt, damit es mit seinem in Einklang ist, finden wir plötzlich einen Lebenssinn.

Ich möchte noch eine weitere Vision weitergeben. Es gibt ja nichts Besseres, als ein Buch damit zu beginnen, dass man ein paar Erlebnisse aus Begegnungen mit dem Himmel weitergibt!

Einmal wurde ich in eine Vision hochgenommen. Ich betrat einen Raum, in dem ich vor meinen Augen viele Sitze sah, die den Raum säumten. Sofort war mir klar, dass der Raum bedeutend war. Hier wurden Entscheidungen getroffen! Dies war ein Ort, an dem bedeutende Dinge stattfanden. Plötzlich erschien Jesus in dem Raum. Er war in dicke, purpurne Gewänder gekleidet.

„Das Regierungszimmer“, sagte er zu mir. „Ana, es ist Zeit, dass du Platz nimmst.“ Er wies auf einen Stuhl an der Wand und lächelte mich aufmunternd an.

Ich kämpfte damit, mich dem Stuhl zu nähern. Mir gingen Gedanken durch den Kopf, wie: *Sicherlich gibt es Menschen, die es mehr verdienen, auf einem Regierungssitz wie diesem zu sitzen, die viel mehr erreicht haben als ich,* dachte ich.

Da er meine Gedanken kannte, wiederholte er: „Es ist Zeit, dass du Platz nimmst.“

Ich setzte mich auf den Stuhl, und mit geschlossenen Augen passierte etwas Verrücktes. (Als ob es noch verrückter werden konnte!) Ich sah plötzlich Hunderte und Tausende von Gesichtern von Menschen vor mir, eines nach dem anderen, und wusste einfach, dass dies die Gesichter der Menschen waren, denen ich einmal dienen würde. Es waren die Gesichter von Menschen, für die Gott mir sein Herz schenkte. Eines nach dem anderen zogen sie an mir vorbei.

„Es wird dich etwas kosten, hier zu sitzen, aber es ist an der Zeit“, sagte er.

Dieser Satz hat sich für immer in mich eingeprägt. Ich führe mir diese Worte immer wieder vor Augen, um über sie nachzudenken. Du und ich sind dazu bestimmt, um zu regieren:

Denn wir sind Gottes Schöpfung. Er hat uns in Christus Jesus neu geschaffen, damit wir die guten Taten ausführen, die er für unser Leben vorbereitet hat (Eph 2,10 NLB).

Aber das Wort „regieren" sieht aus der Perspektive des Himmels ganz anders aus. Jesus regiert, und er hat alles gegeben. Er hat sein Blut vergossen, damit wir mit ihm regieren können. In der Schrift steht, dass er durch das, was er am Kreuz erduldete, nicht wiederzuerkennen war, weil er so verunstaltet war.

Es ist wichtig, innezuhalten und sich daran zu erinnern, was er um der Liebe willen für dich und mich durchgemacht hat. Ihn voll und ganz zu lieben, bedeutet, ihm zu erlauben, unser Denken zu verändern. Um mit ihm zu regieren, muss unser Denken himmlisch verwandelt werden, damit wir wie Christus denken.

Passt euch nicht den Maßstäben dieser Welt an, sondern lasst euch von Gott verändern, damit euer ganzes Denken neu ausgerichtet wird. Nur dann könnt ihr beurteilen, was Gottes Wille ist, was gut und vollkommen ist und was ihm gefällt (Röm 12,2 HFA).

Christus geht es um Menschen. Als ich an diesem Tag auf meinem Regierungssitz im Himmel saß, bedeutete das so viel mehr als nur der Gedanke: „Ich wurde geschaffen, um zu regieren." Die Nüchternheit des Augenblicks traf mich hart. Die Verantwortung, die Christus mir zeigte, kann ich gar nicht in Worte fassen. Ich kann es nur aus der Perspektive des Himmels beschreiben.

Du und ich wurden geschaffen, um der Welt sein Reich zu offenbaren. Und weißt du was? Die Welt leidet im Moment! Wenn wir nur einmal innehalten und hinschauen, sehen wir, dass die Menschen überall um uns herum verletzt und enttäuscht sind von dem, was das Leben ihnen beschert hat. Der Feind dieser Welt tut alles, was er kann, um die wunderbaren Pläne und Absichten des Herrn zu rauben und zu zerstören.

Die Menschen müssen die Hoffnung Jesu kennenlernen. Sie müssen die Hoffnung Jesu durch dich kennenlernen!

Vielleicht befindest du dich gerade jetzt in einer Situation, in der du wieder Hoffnung spüren und erfahren musst. Weißt du, dass Gott einen Plan für dein Leben hat?

Doch der Plan des HERRN bleibt ewig bestehen, die Gedanken seines Herzens von Generation zu Generation (Ps 33,11 DBU).

Gott hat einen Plan.

Den kannst du vielleicht gerade nicht sehen, aber tu mir einen Gefallen bzw. tu dir selbst einen Gefallen und fang an, wieder zu hoffen. Gott hat große und wunderbare Dinge für dein Leben auf Lager.

Dir und mir wurde ein kleines Zeitfenster auf Gottes Zeitachse gegeben, um diese Welt zu beeinflussen. Was wirst du also damit tun? Wen hat Gott in dein Leben gestellt, direkt vor dich, den du beeinflussen kannst? Oft versucht der Feind, uns durch das Vergleichen mit anderen dazu zu bringen, dass wir uns unzulänglich oder nicht wichtig genug fühlen, um die Welt wirklich zu beeinflussen. Wir können in die gedankliche Falle tappen: „Ich tue ja gar nicht so viel, was wichtig ist. Ich bin doch nur jeden Tag zu Hause bei meinen Kindern und richte Pausenbrote für die Schule!“ Oder: „Ich habe keinen Einfluss auf die Welt, ich bin nur ein Fitnesstrainer.“

Du kannst dein eigenes „Ich bin doch nur ...“ ausfüllen, aber ich sage dir noch einmal: Der Himmel feuert dich an! Jede Person, mit der du und ich in Kontakt kommen, ist eine Gelegenheit für uns, Jesus für sie zu sein. Du und ich sind seine Botschafterinnen und Botschafter. Diese Erde ist nicht unser dauerhaftes Zuhause, sondern nur ein vorübergehendes.

Der Himmel feuert dich an!

Wie kannst du vor diesem Hintergrund sinnvoll leben? Worum bittet Gott dich heute, es zu tun? Vielleicht reicht ein Anruf oder eine SMS an eine dir bekannte Person, die gerade eine schwere Zeit durchmacht, um sie daran zu erinnern, dass Christus sie sieht. Unterschätze nicht die Macht eines freundlichen Wortes!

Lass uns noch einmal in diese Bibelstelle eintauchen.

> *Da wir nun eine solche Wolke von Zeugen um uns haben, so lasst uns jede Last ablegen und die Sünde, die uns so leicht umstrickt, und lasst uns mit Ausdauer laufen in dem Kampf, der vor uns liegt, indem wir hinschauen auf Jesus, den Anfänger und Vollender des Glaubens, der um der vor ihm liegenden Freude willen das Kreuz erduldete und dabei die Schande für nichts achtete, und der sich zur Rechten des Thrones Gottes gesetzt hat* (Hebr 12,1-2 SLT).

Wenn wir einen verwandelten bzw. erneuerten Sinn bekommen und beginnen, die Dinge aus der Perspektive des Himmels zu sehen, wird sich meiner Meinung nach auch die Art und Weise ändern, wie wir die Verheißungen Gottes für unser Leben sehen.

Ich glaube, dass jeder von uns einen Plan und eine Verheißung Gottes für sein Leben hat. Gott hat jedem eine Bestimmung gegeben. Schon seit Anbeginn der Zeit hatten Adam und Eva eine Bestimmung!

> *Gott, der HERR, brachte den Menschen in den Garten von Eden. Er gab ihm die Aufgabe, den Garten zu bearbeiten und ihn zu bewahren* (1 Mo 2,15 HFA).

Du hast eine Verheißung und eine Aufgabe von Gott. Auch wenn es dir so vorkommt, als würde die Verheißung schon eine Weile im Regal stehen und Staub ansetzen, möchte ich dich daran erinnern, dass Gott dich nicht vergessen hat.

Damit diese Verheißung in Erfüllung geht – ja, genau die Verheißung, um die du schon seit einiger Zeit kämpfst – gibt uns diese Bibelstelle einen Schlüssel. Richte deine Augen auf Jesus! In der jetzigen Zeit warten viele auf die Erfüllung einer Verheißung Gottes. Wir haben jahrelang gebetet und im Glauben darauf gewartet, dass sich die Verheißung erfüllt, haben gegen Entmutigung und Zweifel angekämpft und die Tränen zurückgehalten, während wir gewartet haben. Jetzt ist die Zeit gekommen!

Es ist jetzt an der Zeit, dein Land einzunehmen. Es ist an der Zeit, in deine Verheißung von Gott einzutreten. Der Countdown für die Wiederkunft Jesu läuft, und ich glaube, dass wir jetzt in einer Zeit sind, in der alle gebraucht werden. Wir befinden uns in einer Zeit in Gottes Plan, in der sich alles beschleunigt. Unser Leben hat eine Bestimmung und einen Sinn, da er die Verlorenen nach Hause ruft. Er setzt alles in Bewegung. Dies ist die Zeit der größten Seelenernte, die es je gegeben hat, und deshalb braucht Gott dich, dass du in deiner Bestimmung lebst und sie erfüllst! Denn du bist ein Teil seines Zeitplans! Ist das nicht großartig? Lehne dich doch einmal zurück und denke darüber nach! Du und ich – unser kleines Leben ist Teil einer viel größeren Geschichte, die uns eine Bestimmung gibt. Wir sind in seinem Zeitplan! Zu Josua sagte Gott:

> *Mein Diener Mose ist tot. Nun wirst du Israel führen! Befiehl dem Volk, sich für den Aufbruch fertigzumachen. Ihr alle werdet den Jordan überqueren und in das Land ziehen, das ich euch gebe. Jedes Gebiet, das ihr betretet, gehört euch. Das habe ich schon Mose versprochen ... Sei mutig und stark! Denn du wirst das Land einnehmen, das ich euren Vorfahren versprochen habe, und wirst es den Israeliten geben* (Jos 1,2-3.6 HFA).

Mose war gerade gestorben, und nun war es an Josua, die Israeliten in das Gelobte Land zu führen. Dieses Land war ihnen schon vor Jahren versprochen worden. Verfolgen wir diese Geschichte einmal bis zur Begegnung von Mose mit dem brennenden Dornbusch in 2. Mose 3 zurück. Ich werde die Höhepunkte herausgreifen, aber lies bitte das ganze Kapitel für dich selbst.

> *Mose aber weidete die Herde Jitros, seines Schwiegervaters, des Priesters von Midian. Und er trieb die Herde über die Wüste hinaus und kam an den Berg Gottes, den Horeb. Da erschien ihm der Engel des HERRN in einer Feuerflamme mitten aus dem Dornbusch ...* (2 Mo 3,1-2).

... da rief ihm Gott mitten aus dem Dornbusch zu und sprach: Mose! Mose! Er antwortete: Hier bin ich. Und er sprach: Tritt nicht näher heran! Zieh deine Sandalen von deinen Füßen, denn die Stätte, auf der du stehst, ist heiliger Boden! (2 Mo 3,4-5).

Gesehen habe ich das Elend meines Volkes in Ägypten, und sein Geschrei wegen seiner Antreiber habe ich gehört ... Und ich bin herabgekommen, um es aus der Gewalt der Ägypter zu retten und es aus diesem Land hinaufzuführen in ein gutes und geräumiges Land, in ein Land, das von Milch und Honig überfließt (2 Mo 3,7-8).

Vierzig Jahre! Während sie durch die Wüste wanderten, führten die Israeliten diese Verheißung, sie würden eines Tages in das Gelobte Land einziehen, vierzig Jahre lang mit sich herum.[1]

Vierzig Jahre sind eine lange Zeit! Kannst du dir vorstellen, in welcher Lage sich Josua und die Israeliten damals befunden haben müssen? Ihr Anführer Mose war im Alter von 120 Jahren gestorben; sie waren 40 Jahre lang umhergezogen, und nun beauftragte sie Gott, das Land einzunehmen!

Es treibt mir die Tränen in die Augen, wenn ich daran denke, dass du dich möglicherweise mit dieser Geschichte identifizieren kannst. (Ich kann das auch!) Vielleicht hast du jahrelang gewartet, gehofft und gedacht, dass die Verheißung endlich eintritt. Wenn einige Zeit vergangen ist, wird es ehrlich gesagt immer schwieriger, in diesem „kindlichen Glauben" zu bleiben und einfach zu glauben.

Und dann gibt Gott einen Auftrag: Mache dich auf! Gehe hinüber!

Jetzt ist die Zeit gekommen.

Mache dich auf! Gehe hinüber!

Jetzt ist die Zeit gekommen.

---

[1] Der Hinweis auf die 40 Jahre findet sich in 4. Mose 14,33.

Wenn du also gewillt bist, dann richte dich wieder auf, schau dir den Berg an, der vielleicht vor dir steht, und sage mit mir: „Jetzt ist die Zeit gekommen! Jetzt ist es an der Zeit, dass ich mich aufmache und die Verheißung in Anspruch nehme, die Gott für mich hat!"

Lass uns gemeinsam vorangehen. Es ist an der Zeit, wieder zu glauben.

Kapitel 2

In der Warteschleife

Rings um mich tobt das Wasser, während Wellen und Wogen über mich hinweggehen.
Am Tag schenkt der Herr mir seine Gnade, und in der Nacht singe ich ihm Lieder und bete zu Gott, der mir das Leben gibt.
Zu Gott, meinem Felsen, rufe ich: „Warum hast du mich verlassen und warum muss alles so dunkel um mich sein und ich unter der Gewalt meiner Feinde leiden?"
Ihr Spott ist mir wie eine tödliche Wunde, wenn sie spotten und fragen: „Wo ist nun dein Gott?"
Warum bin ich so mutlos? Warum so traurig? Auf Gott will ich hoffen, denn eines Tages werde ich ihn wieder loben, meinen Retter und meinen Gott! (Ps 42,7-11 NLB).

Vor seinem Antlitz zu leben, ist meine Rettung!

Seien wir doch mal ehrlich. Ich weiß nicht, was es mit unserer Kultur auf sich hat, aber wenn wir Bibelstellen in christlichen Büchern sehen, neigen wir dazu, sie nur zu überfliegen oder sogar zu überlesen. Aber diese Bibelstelle ist so mächtig!

Wenn die Not groß ist und du häufig weinst, während du auf die Verheißung wartest, wenn du das Gefühl hast, vor lauter Entmutigung zu ersticken – dann kommt er. Seine Liebe ergießt sich über uns und wird zu einem heilenden Balsam für unsere Seelen. Wir sind verletzlich, aber gerade da nähert er sich uns.

Vor Kurzem rief ich einmal verzweifelt zu Gott und zu meiner besten Freundin auf Erden – meiner Mutter. Da wir beide extrem prophetisch veranlagt sind, erinnerten wir uns daran, dass ich am Tag zuvor einer Verheißung Gottes ein großes Stück nähergekommen war, um die ich persönlich schon seit ein paar Jahren ringe. Ich wusste und spürte, dass wir einen Schritt näher dran waren. Aber als ich am nächsten Morgen aufwachte, hatte ich das Gefühl, es stürmten – wumm! – Entmutigung und ein Berg von Unmöglichkeiten auf mich ein.

Ich weiß, dass dies eine sehr hinterhältige Strategie des Feindes ist. Obwohl vorhersehbar, werde ich aus irgendeinem Grund doch immer wieder davon überrascht. Kurz vor dem Durchbruch kommt ein bisschen Krieg, und direkt nach einem Fortschritt kommt auch ein bisschen Krieg, der sich an die Fersen heftet.

Kennst du das auch? Kannst du überhaupt etwas damit anfangen?

Du bekommst einen Anruf, vielleicht einen, auf den du schon lange gewartet hast. Eine Beziehung scheint wiederhergestellt zu sein, zumindest ist es ein Anfang. Dann folgt direkt auf diesen Anruf eine Enttäuschung.

Warum kommt sie?

Der Feind hat große Angst davor,
dass du Fortschritte machst.

Lass mich das erklären. Der Feind hat absolute Angst davor, dass du Fortschritte machst. Ein weiterer Schritt vorwärts bedeutet, dass er sich zurückziehen muss, und so kommt es zum Kampf. Keine Sorge, in diesem Buch geht es nicht nur um den Feind, aber ich glaube, wenn wir seine Strategien durchschauen, werden wir nicht mehr so leicht in einen Hinterhalt geraten und können lernen, seine lächerlichen Methoden zu erkennen.

Wenn du gerade enttäuscht bist oder dich damit identifizieren kannst, dann tu mir einen Gefallen. Nimm dir einen Moment

Zeit und lache einfach. Lache jetzt laut, auch wenn dir nicht danach ist. Tu es und lache über den Feind.

Dein Fortschritt frustriert ihn nämlich. In der Hitze des Gefechts sehen wir uns oft als Opfer seiner Angriffe. Aber ehrlich gesagt, ist der Teufel auf dem Rückzug.

Zurück zu meiner Geschichte. Als meine Mutter und ich dort saßen und das Muster der Angriffe des Feindes erkannten, rief ich in meiner Frustration: „Es ist nicht so, dass ich das Muster nicht sehe. Ich sehe es und ich erkenne, dass dieser Rückschlag heute nur der Versuch des Feindes ist, mich zu entmutigen. Es ist also nicht so, dass ich den Angriff nicht erkennen würde. Vielmehr habe ich den Kampf einfach satt! Ich will, dass dieses Muster aufhört! Wenn Mose zu Gott geschrien hat und ihn umstimmen konnte, sollte ich dann nicht auch in der Lage sein, in meiner Frustration zu Gott zu schreien? Ich kämpfe, ich stehe im Glauben, ich wanke nicht in meinem Glauben an das Unmögliche. Aber es geht mir um Folgendes: Ich brauche es, dass Gott jetzt wirklich handelt! Ich verlasse mich darauf, dass er für mich da ist."

Ein paar Sekunden lang herrschte Schweigen zwischen uns beiden. Ich konnte selbst nicht glauben, was ich gerade gesagt hatte. Es war ein ehrlicher Moment. Ich hatte jemandem, der mir sehr nahestand, erlaubt, in die Tiefen meines Herzens zu blicken. Ich hatte es in diesem schutzlosen Raum ausgesprochen, und dort schienen die Worte nun zu hängen. Meine Mutter, die eine großartige Ermutigerin und Fürbitterin ist, segnete mich mit freundlichen Worten, als wir uns verabschiedeten und auflegten.

Die Worte hingen immer noch in der Luft. Ich spürte die Anspannung, weil ich mich für den Zustand meines Herzens fast schämte, und doch war die Gegenwart des Heiligen Geistes in meinem Auto spürbar.

„Gott?" fragte ich.

„Ich bin hier", hörte ich als Antwort.

Nur ein Satz. Das war alles. Aber dieser Satz war eigentlich alles, was ich brauchte.

„Ich bin hier."

Es war keine Antwort auf die Fragen, die sich in meinem Herzen auftürmten – das Wie, Warum und Wann, das immer noch unbeantwortet blieb. Aber, ob du es glaubst oder nicht, das „Ich bin hier" war genau der Trost, den ich brauchte.

Das gute alte Wörterbuch von Webster definiert Isolation als die vollständige Trennung von anderen.

Mir ist folgendes Muster aufgefallen: Wenn der geistliche Kampf schwer zu sein scheint, fühlen wir uns oft ziemlich getrennt von Gott oder weit weg von ihm. „Wo bist du, Gott?", scheint der Schrei unseres Herzens zu sein. Wird der Kampf intensiver, denken wir fälschlicherweise oft, Gott werde schwächer. Wir fühlen uns allein im Kampf und von unserem himmlischen Vater im Stich gelassen.

„Ich höre dich", antwortete ich der Stimme, die ich hörte. „Alles, was ich jetzt tun kann, ist, zu dir zu laufen. Hier bin ich. Ich fühle mich kaputt. Ich fühle mich schwach. Ich weiß, dass es nicht so ist, aber im Moment fühle ich mich sehr schwach. Ich weiß, dass diese Entmutigung vorbeigehen wird, aber jetzt gerade brauche ich dich, Gott", rief ich zu ihm.

„Ich bin hier", hörte ich wieder.

„Gott, ich bin frustriert. Wir machen immer wieder Glaubensschritte, bekommen prophetische Worte und glauben an die Verheißungen – und doch fühle ich mich immer noch am selben Ort festgefahren und habe das Gefühl, dass ich noch nicht über der Sache stehe. Solche Prozesse mag ich nicht, Herr, du weißt das. Ich will Antworten! Ich will Klarheit! Habe ich es verpasst? Stimmt mein Timing nicht? Ich dachte, ich hätte dich gehört, Herr, aber jetzt bin ich so verwirrt. Warum kann ich dich für mich nicht so klar erkennen, wie ich es für andere tue?"

„Ich bin genau hier. Komm zu mir. Lass dich von mir stärken."

Ich weiß. Ich weiß, dass dir das, was du jetzt liest, vielleicht nicht wie der ermutigendste Vater vorkommt. Er hat mir in diesem schwierigen Moment nicht auf die Art und Weise geantwortet, wie ich es mir gewünscht hätte. Er gab mir das, was ich am meisten brauchte. Ich meine, hier bin ich und leite einen Dienst, aber mein eigener Glaube kam mir schwächer vor als je.

Meine Augen schmerzten vom vielen Weinen. Ganz ehrlich, manchmal müssen wir uns bei Gott richtig ausweinen. Das kann das Heilendste für unsere Seelen sein. An diesem schwierigen Punkt – du weißt schon, der Zustand, den du niemandem zeigen willst – begegnet er dir. Ich hoffe, es ermutigt dich, wenn du das liest. Du bist nicht die einzige Person, die manchmal mit Entmutigung und dem Wartenmüssen kämpft!

Lass mich dich ermutigen – du wirst da durchgehen! Du wirst die andere Seite sehen. In ein paar Jahren wirst du vielleicht auf diese Zeit zurückblicken und erkennen, dass Gott seine Hand im Spiel hatte – das Timing, die Erfahrung, durchs Feuer zu gehen, die Prüfung deines Glaubens, die Pläne. Er will nicht, dass du feststeckst, egal wie festgefahren du dich im Moment fühlst. Du gehst hinüber.

Du gehst hinüber.

Bevor wir zu schnell weitergehen, sollten wir uns einen Moment Zeit nehmen, um vor Gott ehrlich zu sein. Nur zu, leg alles offen. Erinnere dich an diesen Moment, den die Jünger erlebten.

> *Jesus aber wusste, dass der Vater ihm alles in die Hand gegeben hatte, dass er von Gott gekommen war und zu ihm zurückkehren würde. Da stand er vom Tisch auf, legte sein Obergewand ab und band sich ein Tuch aus Leinen um. Er goss Wasser in eine Schüssel und begann, seinen Jüngern die Füße zu waschen und mit dem Tuch abzutrocknen* (Joh 13,3-5 HFA).

Da er wusste, dass er auf dem Weg zum Kreuz war und dies die letzten kostbaren Augenblicke mit seinen Jüngern vor seiner Auferstehung waren, kniete sich Jesus hin und wusch ihnen die schmutzigen Füße. Das ist dein Jesus! Er hat keine Angst vor Dreck!

Unsere Emotionen, unsere Schmerzen, unsere Entmutigung oder Frustration sind nicht zu viel für ihn. Er hat bereits alles auf sich genommen, und zwar am Kreuz. Jesus hat genau das erlebt, was du jetzt gerade fühlst.

Es ist Zeit, ihm gegenüber ehrlich zu werden. Ich weiß nicht, wie es dir geht, aber manchmal müssen wir einfach unsere religiösen Vorstellungen darüber, wie wir in seine Gegenwart kommen, ablegen. Ich möchte dich ermutigen, einfach still zu sein. Lade den Heiligen Geist in diesen Moment ein und bitte ihn, dein Herz zu prüfen.

Herzprüfung: Wie geht es deinem Herzen in diesem Moment wirklich? Manche von uns verdrängen die Dinge so sehr, dass wir vielleicht gar nicht wissen, wie wir darauf antworten sollen. Sei ehrlich, halte inne und frage dich: Wie geht es meinem Herzen heute?

Lege eine Pause ein und warte auf eine Antwort auf diese Frage, nur zwischen dir und dem Herrn. Der Heilige Geist wird sie dir zeigen. Was er dir zeigt, könnte dich tatsächlich überraschen. Bei mir hat er das vor Kurzem getan. In einem ehrlichen Moment der Frustration kam er auf die zärtlichste Weise zu mir. Ich brachte ihm mein fleischliches Herz, das verletzt, frustriert und entmutigt war. In einer Vision sah ich, wie er es zärtlich hielt und sich um es kümmerte.

Wage es doch, jetzt einfach mal alles vor ihm auszuschütten. Dies ist dein Moment! Ich weiß, dass es sich nicht so anfühlt, aber dies ist ein Moment des echten Durchbruchs. Hier, an diesem chaotischen Ort, verbindet sich unser Herz wieder mit dem des Vaters, während wir auf unsere Verheißung warten.

Ich nenne diesen Ort die Tenne.

Als mein Mann und ich Missionare in Nepal waren, konnten wir miterleben, wie Reis hergestellt wird. Reis ist das Grundnahrungsmittel, von dem fast die Hälfte der Weltbevölkerung lebt, diese kleinen Körner, die wir hier so einfach im Supermarkt kaufen können. Wir nehmen es für selbstverständlich, wie viel Arbeit jemand auf sich genommen hat, um dieses kleine Korn herzustellen!

Mit einer alten Sichel in der Hand halfen wir, die Halme zu schneiden, die die Körner trugen. Dann zeigten uns die einheimischen Nepalesen, wie man die Körner von den Spelzen trennt. (Sie taten es mit sehr viel Leichtigkeit und Geschick!)

Dann gab es noch einen weiteren Prozess, den der Heilige Geist nutzte, um mir zu dienen. Ich beobachtete, wie die Körner, die noch ihre dicke, harte Schale trugen, durch eine metallene Walzmaschine gepresst wurden, die die Schale zerdrückte und die Reiskörner auf den Boden ausspuckte. Tausende von Reiskörnern schossen überall heraus. Während alle in heller Begeisterung waren, kamen mir die Tränen.

Der Heilige Geist sprach.

„So fühlt sich unser Weg manchmal an", musste ich denken. Wir alle gehen durch Zeiten, in denen wir unter Druck stehen und uns selbst sterben, und aus diesen Erfahrungen erwächst die wunderbare Frucht des Charakters, des beständigen Glaubens und der Anbetung, die nicht aufgibt.

Aus diesen Erfahrungen erwächst
die wunderbare Frucht des Charakters,
des beständigen Glaubens
und der Anbetung, die nicht aufgibt.

Darf ich dich noch einmal daran erinnern, dass Jesus keine Angst vor Unordnung hat? Wenn wir denken, wir könnten ihn in eine Schublade stecken oder wir müssten unser Leben perfekt im Griff haben, liegen wir völlig daneben.

Beziehung bedeutet Freiheit von Angst. Die Freiheit, mit weit ausgebreiteten Armen auf den Thron zuzulaufen und zu rufen: „Hier bin ich, Papa!"

Lasst uns deshalb mit großer Zuversicht hinzutreten zu Gottes Gnadenthron, sodass wir Barmherzigkeit und seine gnadenvolle Zuwendung empfangen können. So wird die Hilfe dann gerade zur richtigen Zeit kommen (Hebr 4,16 DBU).

Freiheit kann man damit vergleichen, dass man in leidenschaftlicher Liebe ausgelassen tanzt, ohne sich darum zu kümmern, was andere denken.

Und David tanzte mit aller Kraft vor dem HERRN, und David war mit einem leinenen Efod gegürtet. So brachten David und das ganze Haus Israel die Lade des HERRN hinauf mit Jauchzen und mit Hörnerschall (2 Sam 6,14-15).

Freiheit kann man auch damit vergleichen, dass man vorwärts rennt wie ein ins offene Feld stürmender Hengst, nur um den Moment nicht zu verpassen, mit Jesus zu laufen.

Ich weiß nicht, wie es dir geht, aber ich renne hart auf die Ziellinie zu. Ich gebe alles, was ich habe (1 Kor 9,26 TPT).

Beziehung kann man damit vergleichen, dass man mit tränenüberströmten Augen aufschaut und sagt: „Hier bin ich, Jesus. Hier bin ich ganz und gar, und trotzdem liebst du mich und hebst mich auf."

Bringe dein Herz immer näher zu Gott, und er wird dir noch näherkommen. Aber achte darauf, dass du dein Leben reinigst (Jak 4,8 TPT).

Es ist an der Zeit. Dies ist dein Moment.

Komm zu ihm. Triff ihn auf der Tenne, egal wie wenig Glauben du hast, und bring ihm dein Herz.

Du bist nicht zu schwierig für ihn. Und deine Verheißung gilt immer noch.

Dies ist der Ausgangspunkt, um dein Land einzunehmen.

Die Tenne ist der Startpunkt.

Kapitel 3

Fester Fokus

Weiche kein Stück davon ab! Dann wirst du bei allem, was du tust, Erfolg haben (Jos 1,7 HFA).

Darf ich hier schonungslos ehrlich zu dir sein? Es reicht nicht aus, eine Verheißung von Gott zu haben. Um dieser Verheißung gerecht zu werden, müssen ein paar wichtige Voraussetzungen erfüllt sein, und eine davon ist ein fester Fokus.

In dieser Bibelstelle, einem verborgenen Schatz aus dem Buch Josua, befahl Gott den Israeliten, ihren Blick fest und geradeaus gerichtet zu halten. Du weißt, warum, nicht wahr? Gott wusste, dass es oft Ablenkungen gibt, wenn wir einer Verheißung nahe sind.

Schauen wir uns die Geschichte der Israeliten an. Gott ließ sie aus Ägypten ausziehen, indem Mose das Rote Meer teilte. Als Mose auf den Berg Sinai stieg, in die unmittelbare Gegenwart des Herrn, um ihn zu befragen und die Zehn Gebote zu empfangen, warteten die Israeliten unten – und fingen an, sich Götzen zu machen.

Der Herr hatte Mose das Gebot *„Du sollst keine anderen Götter neben mir haben"* (2 Mo 20,3) gegeben, aber als Mose verzögert den Berg herunterkam, gingen die Israeliten Kompromisse ein.

Als es sich verzögerte, gingen sie Kompromisse ein!

Es macht also Sinn, dass der Herr sie später auffordert, einen festen Fokus zu haben und den Blick nicht nach rechts oder links zu richten.

Der Kreißsaal

Ich weiß noch, dass die Wehen bei der Geburt meines Sohnes ganz anders verliefen als bei meiner Tochter. Wir hatten zu Hause etwas zu lange gewartet und es gerade noch ins Krankenhaus geschafft. Als ich dort ankam, war ich schon fast bereit zur Geburt.

Meine Hebamme war noch nicht da. Sie bekam den Anruf und raste los, um noch rechtzeitig im Krankenhaus zu sein.

Da hat man seinen Plan für eine friedliche Geburt gemacht, und dann läuft nichts mehr wie geplant! (Hoffentlich wird das bei dir, wenn du als werdende Mutter dies liest, nicht der Fall sein, aber bei mir ist es jedes Mal so gelaufen).

Das Ziel ist es, inmitten des gefühlten Chaos die Ruhe zu bewahren und zu atmen. Um mich herum wimmelte es nur so von emsigen Krankenschwestern und Ärzten, Maschinen und grellem Licht. Das entsprach überhaupt nicht meinem Geburtsplan: wenige Leute, ein ruhiger Raum und gedämpftes Licht, damit ich mich darauf einstellen konnte, diesen Menschen aus meinem Körper zu pressen! Sie wuselten herum und die Schmerzen wurden immer stärker. Mein Mann tat sein Bestes, um mich vor dem Chaos zu schützen und mir zu helfen, meine Ruhe zu bewahren.

Atme einfach – oder schreie alle an – atme einfach.

Wie ein vom Himmel herabkommender Engel tauchte meine Hebamme auf, noch nicht einmal umgezogen, sondern in Jeans und Kapuzenpulli. Sie warf einen Blick auf die Situation und übernahm das Kommando.

„Verschwindet alle von hier! Ich will nur ihren Mann und eine Krankenschwester hier drin haben. Dämpft das Licht, schaltet den Lärm aus und räumt die Maschinen weg. Holt mir ein warmes Handtuch“, brüllte sie.

Ich seufzte vor Erleichterung!

Dann wandte sie sich mir zu.

„Okay, Schatz, du musst dich jetzt konzentrieren. Vergiss alles andere. Mach dir keine Gedanken um andere. Du hast einen Job zu erledigen. Wenn du das Baby zur Welt bringen willst, wird es in zwanzig Minuten da sein. Aber du musst dich jetzt konzentrieren", ermutigte sie mich nachdrücklich.

Dann packte Sam, mein Mann, meine Hand und hielt sie fest. „Du schaffst das! Du schaffst das!", feuerte er mich an.

Diese beiden, mein Mann und meine Hebamme, gaben mir die Ermutigung und die Ausrichtung, die ich brauchte, und innerhalb von 20 Minuten war tatsächlich unser brüllender Sohn geboren.

Ich habe viele Male über diese Erfahrung nachgedacht.

Mit jedem Mitarbeiter, der herumwuselte, jeder Maschine, die mich anpiepte, verkrampfte ich mich innerlich. Ich konnte mich nicht konzentrieren und war von all dem Wirbel um mich herum abgelenkt. All das verzögerte nur die Sache.

Gerade als ich aufgeben wollte und nicht mehr weitermachen konnte, schickte Gott diese beiden Engel, um die Atmosphäre zu klären und klare Anweisungen zu geben.

Zu viele Menschen im Kreißsaal
können den Prozess verzögern.

Wenn du darum kämpfst, dein Land einzunehmen oder eine Verheißung Gottes für dein Leben zu ergreifen, kann es den Prozess verzögern, wenn zu viele Menschen bei der Geburt dabei sind.

Geburtsvorbereitung

Schon während du dies liest, steht eine Veränderung bevor. Du stehst kurz davor, also ist es an der Zeit, deinen Fokus einzugrenzen. Du bist dabei, einen Teil deiner Bestimmung zu gebären, was auch für die Generationen wichtig ist, die nach dir kommen. Nimm deine Verheißung also bitte ernster! Es ist ein Auftrag des Herrn.

Während ich dies schreibe, ringen auch mein Mann und ich im Glauben um etwas, ich bin also bei dir in diesem Ringen. Schon sehr früh bei dieser aktuellen Verheißung verdeutlichte mir der Herr, was bei der Geburt meines Sohnes geschehen war, und erinnerte mich daran: „Sei vorsichtig, wen du in den Kreißsaal lässt."

Sei vorsichtig, wen du in den Kreißsaal lässt.

Ich habe aus den Fehlern der Vergangenheit gelernt, nicht überstürzt zu handeln und der Welt wie eine sprudelnde Quelle mitzuteilen: „Ich mache jetzt diesen Glaubensschritt!" Denn ich kann dir sagen, dass große Schritte oder Sprünge im Glauben mit viel Widerstand des Feindes und vielen Möglichkeiten zur Entmutigung verbunden sind.

Verwirrung und Verzögerung, die besorgten Stimmen von außen

Ich weiß noch, wie es war, als ich ein klares Wort vom Herrn hörte, ich solle mein erstes Buch schreiben, und dass ich dazu berufen sei, den Dienst ins Leben zu rufen. Zu der Zeit war ich mit meinem ersten Kind schwanger. Ich teilte vielen Menschen die Verheißung mit – voller Freude und in der Erwartung, dass sie sich mit mir freuen würden!

Aber da erlebte ich vielleicht eine Überraschung!

Tag für Tag sagte Gott: „Mach diesen Glaubensschritt", und als ich der Stimme Gottes folgte, strömten die Anrufe und SMS nur so herein.

„Ich mache mir Sorgen um das Wohl deiner Kinder. Brauchen sie nicht eine Mutter zu Hause? Wie willst du es schaffen, Mutter zu sein und dich gleichzeitig um andere zu kümmern? Stellst du deinen Dienst über deine Familie? Wie kannst du das tun? Ich mache mir Sorgen um deine Ehe. Das könnte einen Keil zwischen dich und Sam treiben. Manche Männer kommen nicht damit zurecht, dass ihre Frau im Rampenlicht steht."

Ich legte den Hörer auf und bedankte mich für ihre Sorge. Ich löschte die SMS-Texte, um nicht in Versuchung zu kommen, sie erneut zu lesen. Aber du kannst dir schon denken, was passierte, nicht wahr? Ich habe das Gift genommen. Ich habe den Köder des Feindes geschluckt. Der Feind flüsterte mir seine Besorgnis ins Ohr und brachte mich durcheinander. Ich lag nachts wach und schrie zu Gott.

„Gott, warum soll ich gerade jetzt einen Dienst anfangen? Warum nicht später, wenn die Kinder schon älter sind? Ich kenne nicht viele Mütter in meinem Alter, die einen Vollzeitdienst ausüben und gleichzeitig Mutter sind. Ist das überhaupt möglich? Kann das nicht warten, bis unsere Kinder erwachsen und aus dem Haus sind?

Und was ist mit meiner Ehe? Wie wird es für Sam sein, wenn er wieder zu Hause bei den Kindern ist und ich eine Fernsehsendung mache oder ein Interview gebe? Wird er frustriert oder wütend sein, weil er zu Hause festsitzt? Wird er es mir übelnehmen, dass du mich zum Dienst berufen hast? Ich weiß, dass ich dich gehört habe, aber jetzt bin ich ganz verwirrt!"

„Ganz verwirrt" war genau das, was passierte. Ich lag tagelang wach und kämpfte mit dieser Verwirrung, während ich versuchte, mich um den wachsenden Menschen in mir zu kümmern und mein erstes Buch zu schreiben.

Ich habe trotzdem durchgehalten und das Buch geschrieben, aber ich kann dir ehrlich sagen, dass die Sache schmerzhafter war, als sie hätte sein müssen. Ich musste um meinen Frieden kämpfen, um den Dienst zu gründen. Es gab Tage, an denen ich aufwachte und das Gefühl hatte, einfach aufgeben zu wollen. Ich hoffe, es ist okay, dass ich hier so ehrlich zu dir bin. Der Dienst ist nicht immer glamourös. In Wirklichkeit geht es eher darum, täglich sich selbst zu sterben und Gott durch dich und den Prozess zu verherrlichen.

Es geht darum, täglich sich selbst zu sterben und Gott zu verherrlichen.

Wenn du Glaubensschritte unternimmst, wirst du erleben, dass der Feind dich direkt nach diesem Schritt mit Entmutigung und Verwirrung überfällt. Du musst also etwas richtig machen, wenn du ihn in die Defensive drängst!

Im Epheserbrief steht, dass wir nicht mit Fleisch und Blut kämpfen, sondern mit Fürstentümern (vgl. Eph 6,12). Diese Bibelstelle wurde für mich so real wie nie zuvor. Ich erkannte den direkten Zusammenhang zwischen dem Hören einer Verheißung, dem Glaubenssprung und der Entmutigung, die mich direkt danach ereilte.

Es gibt da ein Muster.

Ihre Bedenken waren berechtigt. Aber musste ich sie in diesem Moment hören, als ich dabei war eine Verheißung zu gebären? Nein!

Du befindest dich gerade in einer Zeit der Geburt, daran habe ich keinen Zweifel. Sonst hättest du dieses Buch gar nicht erst in die Hand genommen. Du ringst und kämpfst für das, was Gott dir gezeigt hat. Es wird nicht leicht sein. Es wird immensen Glauben erfordern.

Solider Rat

Wenn ich auf das zurückblicke, was ich bei der Fertigstellung meines ersten Buches durchgemacht habe, kann ich sagen, dass ich gelernt habe, vorsichtiger damit zu sein, wen ich beim Geburtsprozess beteiligt sein lasse. All die anderen Stimmen kann der Feind, trotz ihrer guten Absichten, nutzen, um den Prozess zu verzögern und Verwirrung zu stiften.

Du brauchst soliden Rat um dich herum. Du brauchst Menschen, wie es mein Mann und meine Hebamme im Kreißsaal waren – Menschen, die dir Impulse geben, dich neu ausrichten und dir Worte des Glaubens einflüstern können, wenn du selbst nicht richtig hören kannst. Du brauchst Menschen, die dich anfeuern, wenn du lieber aufgeben möchtest.

Es ist gut, solide Ratgeber zu haben. Ich umgebe mich mit Menschen, die in mein Leben hineinsprechen dürfen, selbst wenn es Worte der Korrektur sind. Wir alle brauchen Korrektur. Wir brauchen Menschen, die nicht nur zustimmen, sondern wirklich auf Gott hören und in unser Leben hineinsprechen. Diese Handvoll Menschen sollten voller Glauben sein! Ihre Worte sind, auch wenn sie Zurechtweisungen enthalten, trotzdem voller Glauben und Hoffnung.

Wusstest du, dass Glaube das Gegenteil von Furcht ist? Du brauchst jetzt keine Furcht oder Entmutigung, die dich anschreien. Nicht, wenn du so kurz davorstehst, mit Gott etwas Großes zu gebären. Du bist nahe dran. Es ist Zeit, ernst zu machen.

Dieses Mal anders

Dieses Mal befinde ich mich in einer anderen Situation. Ich glaube Gott für etwas, das viel größer ist, als ich es je selbst tun könnte. Er dehnt meinen Glauben auf jede erdenkliche Weise. Er fordert mich an neuen Punkten heraus, an denen ich herausgefordert werden muss. Wohlgemerkt, ich habe einen riesigen kindlichen Glauben. Ich glaube seinem Wort. Ich glaube, dass Gott das Unmögliche tun kann. Ich glaube an seine Wunder und war auf der ganzen Welt Zeuge von unzähligen Wundern für andere.

Es ist immer einfacher, für andere zu glauben, als an unsere eigenen Verheißung zu glauben, nicht wahr?

Dieses Mal ist es also anders. In diesem Prozess, in dem ich gerade im Glauben um etwas ringe, sagte Gott zu mir: „Sei vorsichtig, wen du bei der Geburt dabei sein lässt.“ Also habe ich gebetet. In meinem Eifer schreie ich diese spannende Verheißung, die Gott mir gezeigt hat, nicht von den Dächern. Aber wenn diese Verheißung in Erfüllung geht, wird das ein wunderbares Zeugnis für seine unglaubliche Treue sein. Ich kann es kaum erwarten, es mit allen zu teilen. Aber das wird noch warten müssen. Ich befinde mich gerade in der Geburtsphase und muss mich deshalb konzentrieren.

Ich habe gebetet und mich mit einer Handvoll glaubensstarker Freunde ausgetauscht. Freunde, die den Glauben haben, über die Begrenzungen hinauszusehen, die mir so gewaltig vorkommen. Freunde, von denen ich weiß, dass sie weder Entmutigung noch Zweifel äußern werden.

Mose ließ Aaron und Hur während eines Krieges seine Arme hochhalten. Daran denke ich oft, wenn ich in neue Bereiche des Glaubens vorstoßen muss. Wenn Mose solche Freunde brauchte, dann brauchen wir sie wohl auch (vgl. 2 Mo 17,12).

Wer befindet sich gerade in deinem Kreissaal? Ich rate dir, deine Ratgeber zu überdenken. Wer hält deine Arme, deinen Glauben in dieser schicksalsschwangeren Zeit hoch? Nicht jeder muss sich in die Situation einmischen.

Vielleicht musst du sogar eingrenzen, wem du zuhörst, um deinen Fokus zu behalten. Vielleicht musst du innehalten und den Heiligen Geist fragen, wer gerade jetzt Verwirrung stiftet, indem er etwas zu deiner Vision sagt. Vielleicht fühlst du dich sogar herausgefordert, stärkere Grenzen zu ziehen oder den Kontakt zu diesen Einflussnehmern für eine gewisse Zeit einzuschränken.

Möge der Herr die richtigen Leute herbeibringen und jetzt Klarheit in jede Verwirrung bringen, die du in letzter Zeit erlebt hast. Ich bete, dass die entmutigenden Einflüsterungen des Feindes im Namen Jesu zum Schweigen gebracht werden. Mögest du jetzt mit dem Glauben durchdrungen sein, wieder aufzustehen, auch wenn du in diesem Moment am Boden liegst und nur noch wenig Kraft hast, deinen Traum weiterzuverfolgen. Möge Klarheit einkehren.

Es stimmt. Es ist Zeit, wieder aufzustehen.

Gott kennt deine Bestimmung schon seit dem Moment, als du lediglich ein Gedanke in seinem Kopf warst. Trotz der Rückschläge, die du vielleicht erlebt hast, hat er immer gewusst, dass du es schaffen kannst! Er ruft dich auf, dich auf eine neue Ebene des Glaubens zu erheben.

Er hat immer gewusst, dass du es schaffen kannst!

Ablenkungen müssen in Jesu Namen weichen!

Ich finde die Geschichte, wie Nehemia die Mauer von Jerusalem wieder aufbaut, interessant. Falls du sie noch nie gelesen hast, fasse ich einen Teil davon für dich zusammen.

Die Mauern Jerusalems waren niedergerissen und auch seine Tore waren niedergebrannt. Damals waren die Mauern und Tore einer Stadt sehr wichtig. Sie sollten die Stadt und ihre Bewohner vor den Angriffen ihrer Feinde schützen.

Nehemia war am Boden zerstört, als er hörte, in welchem Zustand Jerusalem sich befand.

Manchmal bringt Gott etwas Erstaunliches hervor, indem er dir zuerst eine Last für etwas gibt. Nehemia erhielt vom Herrn die Last und die Anweisung, die Stadtmauer wieder aufzubauen.

Fangen wir mit Nehemia 6 an. Nehemia schrieb: *„Ich hatte den Mauerbau vollendet und es waren keine Lücken mehr in der Mauer. Allerdings hatten wir die Torflügel noch nicht eingesetzt“* (Neh 6,1 GNB).

Die Stadt war also noch nicht ganz sicher. Erinnere dich an den Vergleich mit der Geburt. Jetzt sollte es „losgehen“. Er hatte es fast geschafft, war aber mit der Sicherung der Stadt noch nicht ganz fertig. Wäre es nicht typisch für den Feind, jetzt mit Ablenkungen zu kommen, um ihn vom Kurs abzubringen?

Wenn du kurz davor stehst, eine Verheißung zu gebären, ist es an der Zeit, deinen Fokus einzugrenzen und Ablenkungen zu vermeiden!

Zwei Feinde von Nehemia versuchten, ihn vom Projekt und von der Mauer wegzulocken. Sie sagten zu ihm: „Komm, lass uns in Kefirim im Ono-Tal (einem der anderen Dörfer) zusammenkommen“ (vgl. Neh 6,2).

Aber Nehemia war weise genug, um zu erkennen, dass sie vorhatten, ihm zu schaden. Sieh dir seine Reaktion an!

Ich führe gerade ein großes Werk aus und kann nicht hinabkommen. Warum sollte das Werk ruhen, wenn ich es zurückließe und zu euch hinabkäme? (Neh 6,3).

Dies ist eine meiner Lieblingsstellen in der Bibel. Fünfmal versuchten sie, Nehemia von seinem Auftrag abzubringen, aber er erkannte, dass der Feind seine Hand im Spiel hatte.

Denn sie alle wollten uns in Furcht versetzen, indem sie sich sagten: Ihre Hände werden von dem Werk ablassen, und es wird nicht ausgeführt werden (Neh 6,9).

Zunächst einmal, wenn Gott dich und mich beruft, etwas zu tun, müssen wir es ernst nehmen. Du arbeitest an einem großen Werk und kannst es dir im Moment nicht leisten, dich ablenken zu lassen.

Es ist an der Zeit, dich auf das Wesentliche zu konzentrieren.

Wenn du dich auf das Wesentliche konzentrierst, musst du vielleicht nicht nur die Stimmen anderer Menschen ausblenden, sondern auch andere Bedürfnisse außer Acht lassen, die dich ablenken könnten. Es ist nicht so, dass du sie später nicht wieder aufgreifen könntest, aber im Moment kannst du nicht mit allem jonglieren.

Dieses Buch ist mein sechstes, das ich schreibe. Jedes Mal, wenn ich ein Wort vom Herrn erhalte, um ein Buch zu schreiben, muss ich meinen Zeitplan anpassen. Gemeinsam schauen wir uns als Familie unsere Terminkalender an und überlegen, wie wir Zeit freimachen und meine Verpflichtungen verringern können, damit ich mich konzentrieren und ein Buch auf die Welt bringen kann. (Alle Autoren, die das hier lesen, verstehen, was ich meine. Ein Buch zu schreiben, ist in gewisser Weise wie ein Baby zu gebären.)

Wenn Gott dir plötzlich eine neue Aufgabe gibt, wirst du feststellen, dass du plötzlich mit allen möglichen Versuchungen konfrontiert bist, die dich ablenken wollen. Du wirst in viele Richtungen gezogen und fragst dich vielleicht: *Wie soll ich das alles unter einen Hut bringen und trotzdem das tun, worum Gott mich bittet?*

Sag einfach nein.

Ja, du hast mich verstanden. Sag einfach nein zu anderen oder zusätzlichen Forderungen. Das war wirklich einer der besten Ratschläge, den mir je ein Freund gegeben hat.

Vielleicht ist es kein endgültiges Nein, sondern eher ein „Nur nicht jetzt". Wenn Nehemia es getan hat, kannst du es auch tun!

Tipps zur Eingrenzung

In meinem eigenen Leben habe ich einige einfache Beispiele dafür, wie ich meinen Fokus eingrenzen und Nein sagen kann:

1. Mein Telefon, meinen Computer und alle Bildschirmgeräte ausschalten
2. Lernen, dir nicht zu viel aufzuladen
3. Vernünftige Ziele setzen
4. Einen ruhigen Raum finden, um mit Gott zu träumen
5. Nein sagen zu Verpflichtungen (selbst zu solchen, die toll erscheinen, aber meine Zeit und Energie verschlingen)
6. Schuldgefühle, die ich habe, weil ich „nein" oder „jetzt nicht" sage, an Gott abgeben
7. Still sein und auf Gott hören (manchmal eines der schwierigsten Dinge, bringt aber das beste Ergebnis)
8. Mein Gebetsleben, mein Fasten und meine Zeit im Wort Gottes intensivieren
9. Bewusst mit meiner Zeit umgehen

Ich möchte dich also herausfordern. Gibt es Dinge, die du im Moment mit dir herumschleppst und die du ablegen musst? Gibt es Verpflichtungen, mit denen du gerade jonglierst und zu denen du in dieser Zeit einfach nein sagen solltest? Gibt es Möglichkeiten, bewusster und sorgfältiger mit deiner Zeit umzugehen, damit du die Verheißungen Gottes erfüllen kannst?

Gibt es Möglichkeiten, wie du deinen Fokus einschränken kannst?

Schreibe deine Verheißung klar und deutlich auf

> *Der HERR sprach zu mir: Was ich dir in dieser Vision sage, das schreibe in deutlicher Schrift auf Tafeln nieder! Jeder, der vorübergeht, soll es lesen können* (Hab 2,2 HFA).

„Wenn du es sehen kannst, kannst du es haben." Ich weiß noch, wie alles in mir innerlich schrie: „Ja und Amen!", als ich Patricia King dies in einer ihrer Predigten sagen hörte. Wie sehr habe ich doch am eigenen Leib diese Botschaft erfahren und gelernt, dass sie völlig wahr ist!

Nachdem wir über ein Jahr lang als Missionare für *Iris Ministries* gearbeitet hatten, waren Sam und ich gerade in die USA zurückgekehrt. Von den Straßen Kalkuttas in Indien und den Reisfeldern Nepals kehrten wir zurück nach Amerika.

Die ersten Monate nach meiner Rückkehr waren ein ziemlicher Kulturschock. Eines Tages gingen wir in ein Starbucks-Café. Nachdem ich in den ärmsten Verhältnissen gelebt hatte, schien es ein Traum zu sein, bei Starbucks einen schaumigen Latte meiner Wahl zu bekommen. Eine Frau vor mir fing an, den Barista anzuschreien, weil er ihre Bestellung falsch verstanden hatte. Geschockt und ungläubig fragte ich sie: „Ist alles okay mit Ihnen?" Das kam richtig gut an! – Nein, natürlich nicht! Ja, ich hatte einen riesigen Kulturschock.

Wir wohnen seit unserer Rückkehr in Kansas City, Missouri, und es wurde uns schnell klar, dass wir ein Auto brauchten. (Die öffentlichen Verkehrsmittel hier sind nicht so gut wie anderswo). Also begannen wir zu beten. „Herr, bitte gib uns ein Auto. Bitte tu ein Wunder und besorge uns ein Fahrzeug."

Plötzlich meldeten sich ein paar Leute bei uns. Ich erinnere mich noch genau an ein Gespräch mit einer ganz lieben Freundin. „Wir haben ein Auto, das wir euch gerne geben würden. Ich weiß, dass ihr eins braucht. Es ist zwar ein etwas klappriges Auto, das manchmal Probleme und Pannen hat, aber vielleicht wäre das was für euch."

Gott, dachte ich, *ist das deine Antwort auf unsere Gebete?*

Dann kam noch eine weitere Person auf uns zu. Sie hatte ein Fahrzeug, aber die hinteren Scheiben fehlten.

Versteh mich nicht falsch. Zu diesem Zeitpunkt war ich für alles dankbar, was mich von A nach B bringen konnte. Irgendwo in meinem Inneren hörte ich jedoch eine kleine Stimme, die sagte: „Ich habe etwas Besseres für dich. Gib dich nicht damit zufrieden."

Ich habe etwas Besseres für dich.
Gib dich nicht damit zufrieden.

Ich blieb dran und betete: „Gott, was meinst du zu diesen Autos? Ich muss deine Stimme hören", betete ich.

Seine Stimme antwortete: „Ana, was willst du eigentlich? Schreibe es auf, glaube daran, und sieh, was ich tun kann. Du musst dich nicht damit zufrieden geben."

Ich spürte, dass der Herr mir hier definitiv etwas beibringen wollte. Ich dachte darüber nach: *Mich nicht zufriedengeben zu müssen, wie würde das aussehen?*

Nachdem ich jahrelang als Missionarin unterwegs gewesen war und manchmal gerade genug zu essen hatte, um zu überleben, hatte mich eine falsche Denkweise gelehrt, mich einfach zufriedenzugeben. Es ist schon komisch, wenn ich jetzt zurückblicke. Ich hatte in Übersee vor allem mit Waisenkindern gearbeitet und hatte selbst eine Waisenmentalität. Eine Waisenmentalität denkt im Überlebensmodus, wie z. B.: „Ich kann nur diesen einen Krümel von Gott bekommen", anstatt sich an seinen Festtagstisch zu setzen und am Festmahl teilzunehmen.

„Herr, ich möchte ein Auto, in dem ich erhöht sitzen kann, weil ich klein bin. Ich möchte besser nach vorne sehen können. Ich möchte ein Auto aus den 2000er-Jahren, nicht aus den 1990ern. Ich hätte gerne ein Auto mit Automatik, weil, na ja … du weißt ja, wie ich mit Schaltgetriebe fahre. Ich hätte gerne ein Auto mit Klimaanlage und Heizung, weil das Wetter hier draußen extrem sein kann."

Dann fügte ich noch eine Sache hinzu.

„Ich hätte gerne so ein Auto, wie es kleine, alte Damen haben, also mit einem niedrigen Kilometerstand und gepflegt. Danke und Amen."

Dann hörte ich: „Schreibe es klar und deutlich auf."

„Schreibe es klar und deutlich auf."

Also habe ich genau das getan. Ich schrieb alle meine Bedingungen für das Auto auf und fing an, täglich diesem Stück Papier die Hände aufzulegen und über ihm zu proklamieren und zu beten.

Innerhalb einer Woche (kein Scherz) bekamen wir genau ein solches Auto geschenkt, das noch heute unser Auto ist!

In 1. Mose 30 finden wir eine interessante Geschichte. Jakob, der seinem Schwiegervater Laban jahrelang gedient hatte, war bereit, seinen Lohn einzufordern. Er sagte: *„Lass mich heute durch deine Herden gehen und alle Schafe und Ziegen aussondern, die gefleckt oder gescheckt sind, und dazu alle dunklen Schafe. Sie sollen mein Lohn sein"* (1 Mo 30,32 NLB).

Dann tat Jakob etwas Interessantes! Er schälte die Rinde von Zweigen teilweise ab, sodass diese gestreift waren, und legte sie überall dort hin, wo sich die Herden zum Trinken und Paaren versammelten. In Vers 39 heißt es: *„Weil sich die Tiere nun vor den hell-dunkel gestreiften Zweigen paarten, warfen sie gestreifte, gescheckte oder gefleckte Junge."* Jakob legte die Zweige in die Nähe der stärksten Tiere der Herde, sodass diese stark gefleckte Nachkommen hervorbrachten, und hatte somit Erfolg.

Ist das nicht eine interessante Bibelstelle?

Jakob führte den Herden ihre Bestimmung, gefleckt und gestreift zu sein, vor Augen, und es hat tatsächlich geklappt. Lass uns nun einen Moment innehalten und genau das in die Praxis umsetzen.

Ich selbst bete schon länger täglich für eine Verheißung Gottes, aber ich fühle mich durch meine eigenen Worte hier herausgefordert, es „klar und deutlich aufzuschreiben", damit ich es jeden Tag sehen und dafür beten kann.

Wofür betest und kämpfst du? Ich möchte dich herausfordern, dich nicht einfach mit irgendetwas zufriedenzugeben. Du bist ein Sohn bzw. eine Tochter des Königs der Könige!

Schreibe es auf. Wenn du genau das haben könntest, wofür du kämpfst, wie würde dann dein Leben aussehen? Sei sehr konkret. Wenn Gott dir genau das geben würde, worum du bittest, worum würdest du dann bitten? Bist du blind geworden?

Nun schreibe es auf und hänge es irgendwo auf, wo du es täglich sehen und darüber beten kannst. Vielleicht musst du sogar ein paar Bilder ausdrucken oder zeichnen und sie an deine Wand kleben! Du solltest mal meine Bürowand sehen!

Erinnere dich an Habakuk 2,2 (HFA): *„Jeder, der vorübergeht, soll es lesen können."*

Gebet

Herr, ich bete dafür, dass wir jetzt klar sehen können. Ich bete dafür, dass wir uns auf die Aufgabe konzentrieren, die du uns in dieser Zeit gegeben hast.
Hilf uns, unseren Fokus zu behalten. Hilf uns, unseren Glauben an die Verheißung zu bewahren. Ich proklamiere Offenbarung 3,18, dass wir Augensalbe haben, um unsere Augen zu salben, damit wir sehen können.
Gott, mache klar, in welche Richtung du uns jetzt führst. Ich bete um Klarheit auch für die nächsten Schritte, die wir unternehmen sollen.
Wir wollen deine Perspektive, und nicht unsere eigene. Gott, gib uns die Perspektive des Himmels für diese Verheißung.
Glaube! Glaube! Ich erkläre, dass du jetzt ein größeres Maß an Glauben in Bezug auf deine Bestimmung bekommst! Amen.

KAPITEL 4

Durchhalten

Ich muss zugeben, dass ich dieses Wort wahrscheinlich am wenigsten mag, wenn ich im Glauben für meinen Durchbruch kämpfe. Vielleicht liegt es nur an mir, aber wenn ich das Wort „durchhalten" höre, klingt das in meinem Kopf nach einem „laaaangen Prozess!" Aber vielleicht geht es ja nur mir so.

Durchhalten bedeutet, an einer Sache festzuhalten, die man in Angriff genommen hat; ein Ziel trotz Schwierigkeiten, Hindernissen oder Entmutigung aufrechtzuerhalten; unbeirrt weiterzumachen.

Anstatt also das Wort „durchhalten" damit zu verbinden, dass man lange Zeit in einem Prozess steckt, möchte ich dich und mich mit dem Gedanken herausfordern, dass Durchhalten sehr viel mehr ist.

Durchhalten bedeutet, trotz allem im Glauben zu bleiben.

Abraham gilt als der Vater des Glaubens. Trotz seiner eigenen Zweifel, dass Gott ihm in seinem hohen Alter noch ein Kind schenken könne, glaubte Abraham.

> *Abraham zweifelte nicht und vertraute auf die Zusage Gottes. Ja, sein Glaube wuchs sogar noch, und damit ehrte er Gott. Er war vollkommen überzeugt davon, dass Gott das, was er versprochen hat, auch tun kann. Und wegen dieses Glaubens erklärte Gott ihn für gerecht* (Röm 4,20-22 NLB).

Lass uns einen Moment innehalten und uns die Szene vorstellen. Wir finden seine Verheißung in 1. Mose 15. Gott erschien Abram (der später Abraham genannt wurde) in einer Vision und sagte: „Ich werde dich reich belohnen" (vgl. 1 Mo 15,1).

Abram antwortete: „Herr Gott, was wirst du mir geben, da ich kinderlos bin und Elieser von Damaskus der Erbe meines Hauses ist?" (vgl. 1 Mo 15,2). (Elieser war Abrams Hausverwalter bzw. Hauptdiener, und da Abram zu dieser Zeit keinen Sohn oder Erben hatte, wäre sein gesamtes Erbe an ihn gegangen.)

Ich liebe dieses Gespräch zwischen dem Herrn und Abram. Dieser Mann, den wir als den „Vater des Glaubens" bezeichnen, hatte keine Angst, Gott herauszufordern und, seien wir ehrlich, sich ein wenig zu beschweren. „Gott, du sprichst von dieser großen Belohnung, aber wie soll das gehen? Wo ist denn die Belohnung?"

Deshalb erweiterte Gott Abrams Sicht. Damals dachte Abram nur an einen Sohn, einen Erben, aber Gott öffnete ihm die Augen, um eine viel umfassendere Sicht zu bekommen: „Nun schau zum Himmel und zähle die Sterne, wenn du sie zählen kannst." Und er sagte zu ihm: „So sollen auch deine Nachkommen sein."

Und dann heißt es: „Da glaubte er dem Herrn."

Abrams Glaube vervielfachte sich in diesem Moment; er wurde viel weiter und größer als vorher. „Da glaubte er."

Mann, schon diese Aussage fordert mich voll heraus.

Es braucht Mut, an einem Wort Gottes festzuhalten, das über dein Leben gesprochen wurde, ungeachtet dessen, was du im Natürlichen siehst.

Es gibt einen Grund, warum Gott Josua und den Israeliten immer wieder sagte, sie sollten „stark und mutig" sein, als sie in das Gelobte Land einzogen (vgl. Jos 1,6). Du musst Unglauben und Entmutigung überwinden, um dein Land einzunehmen.

Könntest du so viel Glauben aufbringen, dass du Gott nicht nur für das glaubst, wofür du in diesem Moment kämpfst, sondern dass dein Glaube weit darüber hinausgeht?

Ich glaube, dass wir Gottes Perspektive brauchen, um diese Welt zu beeinflussen. Wir haben nur eine kurze Zeit hier auf Erden, und du und ich haben eine Rolle in diesem Teil der Geschichte zu spielen.

Es gibt eine Einladung, die dir jetzt gilt. Gott sagt: „Komm herauf, und ich werde es dir zeigen" (vgl. Offb 4,1).

Lass uns wieder träumen

Nimm dir einen Moment Zeit mit dem Herrn. Bitte ihn, dir zu zeigen, was er mit dir in der Zukunft vorhat. Trau dich, ihn zu fragen, wohin er dich führen will.

Werde ganz still und frage ihn das.

Was siehst du?

Ist es ein Bild, das voller Hoffnung ist?

Gibt es dir eine Orientierung für die jetzige Zeit?

Ist es eine umfassendere Vision über deine aktuelle Situation hinaus, in der du dich vielleicht festgefahren fühlst?

Gott hat Pläne, um dir Hoffnung und eine Zukunft zu geben (vgl. Jer 29,11).

Ein Risiko eingehen

„Wo sind diejenigen, die ein Risiko eingehen?", hörte ich eines Tages die lautstarke Stimme des Herrn sagen.

Ich hatte keine Ahnung, was er damit sagen wollte. Ich dachte, er meine ganz allgemein, wo auf der Welt solche Leute seien. Ich hätte nie gedacht, dass er mit dem Finger direkt auf mich zeigte!

Ich antwortete in Gedanken: *Nun, ich bin eine, die ein Risiko eingeht, Gott.*

Eine Stimme, von der ich weiß, dass sie die des Vaters ist, antwortete schnell: „Du hast es schon einmal getan, und du denkst, dass du es jetzt tust. Es ist an der Zeit, dass du gedehnt wirst."

O nein, dachte ich. *Ich bin in Schwierigkeiten.*

Mir gingen die Zeiten durch den Kopf, in denen ich auf dem Missionsfeld durch die Slums des Drogenhandels lief und leise summend Jesus anbetete. Ich erinnerte mich daran, wie ich in ganz Brasilien Engel herbeirief, um möglichen schrecklichen Situationen zu entkommen. Ich erinnerte mich daran, wie ich im Dreck Mexikos mit 14 Jahren zum ersten Mal einem Altarruf folgte und Ja sagte, um im Vollzeitdienst mein Leben für die Verkündigung des Evangeliums von Jesus zu geben. Ich erinnerte mich daran, wie ich mit 17 Jahren in einem kleinen Motorboot durch den Ozean fuhr, während um uns herum drei Meter hohe Wellen schlugen, um mit meinem Missionsteam vor der Küste Panamas Zeugnis für eine Gruppe von Ureinwohnern abzulegen. Ich weiß noch, wie ich zu meinem Mann sagte: „Ich will dich heiraten", während er mir auf einem Knie einen Antrag machte und der größte Engel, den ich je in meinem Leben gesehen hatte, am Himmel hinter ihm stand. Ich erinnere mich auch daran, wie ich zusammen mit meinem Mann und dem Team auf der Ladefläche eines überdachten Lastwagens durch die pechschwarze Nacht von Mosambik in Afrika fuhr, um einer Gruppe, die noch nie von der Hoffnung, die Jesus schenkt, gehört hatte, das Evangelium zu predigen. In dieser Nacht erlebten wir mehr verrückte Wunder als jemals zuvor. Schließlich erinnerte ich mich auch daran, wie ich meine beiden Kinder mit aller Kraft, die ich noch hatte, auf die Welt brachte und mich fragte, ob ich diese Situation überhaupt überleben würde.

Das sind die Erinnerungen, die mir in diesem Moment durch den Kopf gingen. Der Ausdruck „gedehnt werden" erschien mir damals ein wenig unheimlich, wenn ich ehrlich bin. *Was um Himmels willen hat Gott jetzt vor?,* fragte ich mich.

Wir alle haben unsere Zeiten, in denen wir einen Glaubensschritt mit Gott wagen, wenn unser bequemer Weg mit ihm herausgefordert wird. Vielleicht befindest du dich gerade in dieser Situation. Wirst du herausgefordert?

Jetzt war ich dran. Dann wurde ich in eine Vision hineingezogen, die die Richtung für meine Familie ändern sollte.

Unsere Verheißung

Der Herr nahm mich eines Tages in eine Vision mit und zeigte mir ein bestimmtes Land. Wir liefen Hand in Hand durch ein großes, offenes Feld.

„Das ist dein Erbe, Ana", hörte ich ihn sagen. „Du wirst einen Erholungsort für meine Arbeiter an der Front bauen. Es wird ein Ort des Friedens sein, ein Siloah. Es wird ein Ort sein, an dem man in meiner Gegenwart ausgiebig feiert und sich nicht nur mit meinen Resten zufriedengibt. Menschen, die im geistlichen Dienst stehen, werden hierherkommen und von mir eine klare, langfristige Vision erhalten. Es wird ein Ort der Begegnung sein. Ich werde dich mit Gunst segnen, während du das aufbaust, wenn du meinen Anweisungen folgst. Ich möchte, dass du meine Festtafel, meine „Casa de la Mesa", baust. Im Angesicht deiner Feinde habe ich einen Tisch für dich gedeckt", sagte er.

Mir war damals nicht bewusst, wie sehr ich gedehnt werden würde. Mich um Immobilien zu kümmern, war definitiv etwas Neues für mich. Durch meine jahrelange Tätigkeit als Missionarin hatte ich mich daran gewöhnt, von dem zu leben, was Gott mir gegeben hatte. Und er war immer treu gewesen und hatte für unsere Familie gesorgt.

Aber hier wurde ich gedehnt, um die größere Vision zu sehen. „Bitte mich um das Land, damit du viele, viele andere segnen kannst." Gott war und ist dabei, mein Denken so zu verändern, dass ich über mich hinausblicke und mit seinen Augen sehe, was nicht nur eine Region, sondern auch zukünftige Generationen beeinflussen wird.

Ein Grundstück dieser Größe zu besitzen und andere um Hilfe zu bitten, es kaufen zu können – das forderte mich zutiefst heraus.

„Es ist okay, mich um große Träume zu bitten, Ana“, hörte ich den Herrn eines Morgens zu mir sagen, als ich über diese Vision nachdachte. Ich hatte geglaubt, dass ich das schon immer getan hatte, aber Gott forderte mich heraus, viel größer zu träumen als je zuvor.

Bevor ich unsere Geschichte weitererzähle, möchte ich kurz innehalten und dir eine Frage stellen, die mir der Heilige Geist gestellt hat.

Glaubst du, dass es okay ist, mit Gott zu träumen? Glaubst du, dass es in Ordnung ist, Gott um große Dinge zu bitten?

Hast du einen Traum?

Manche von uns sind schon so lange entmutigt, dass sie ihre Träume in einem staubigen Regal aufbewahren und denken: *Wenn meine Lebensumstände sich einmal ändern, kann ich die Träume vielleicht wieder aufgreifen.*

Manche von uns kämpfen auch mit ihrer eigenen Identität als Söhne und Töchter des Königs. Ich selbst gehörte zu dieser Kategorie und wurde auf eine viel tiefere Art und Weise herausgefordert. Ja, ich treibe mit Jesus Dämonen aus; ja, ich bete für Menschen und sie werden befreit und geheilt; ja, ich glaube an verrückte, wilde Wunder. Aber irgendwo tief in meinem Innern träume ich lieber auf eine praktischere Art und Weise für mich selbst, als dass ich tatsächlich von etwas so Großem träume.

Gott dehnt uns über das hinaus, was wir denken, dass es für unser Wachstum erforderlich ist. Das Dehnen ist ein harter Prozess, aber wenn wir darauf achten, dass wir währenddessen eng mit ihm verbunden bleiben, bringt das Dehnen große Früchte hervor.

Gott dehnt uns über das hinaus, was wir denken, dass es für unser Wachstum erforderlich ist.

Deshalb gehen wir mit Gott Risiken ein. Darf ich dich an der Stelle noch ein bisschen mehr herausfordern? Was würdest du tun, wenn du alles tun könntest – wenn es keine finanziellen

Grenzen gäbe, nichts, was dich im Natürlichen zurückhält? Was würdest du dann tun? Wenn du das herausfindest, dann bist du wahrscheinlich gerade in deiner gottgegebenen Bestimmung gelandet.

Seit Anbeginn der Zeit sind wir dazu berufen, mit Gott schöpferisch tätig zu sein. Adam und Eva wandelten mit Gott im Garten Eden und ersannen sich Namen für all die neuen Arten. Dieser Lebensstil, mit Gott zu kreieren, ist unsere Bestimmung, seit wir lediglich Staub und ein Gedanke im Herzen des Vaters waren. Um Risiken einzugehen, müssen wir jedoch oft auf jede erdenkliche Weise unseren Stolz ablegen.

Stolz

Ich erinnere mich, dass er sagte: „Bitte um das Land. – Bitte um ein großes Stück Land."

Ich überlegte: *Warum fühle ich mich dabei so unwohl?* Bitten ist extrem demütigend. Meinen Traum mit Gott bekanntzumachen und ihn darum zu bitten, andere mit hineinzunehmen. Die Angst vor Ablehnung war allgegenwärtig. Was werden die Leute von meinem großen Traum mit Gott halten?

Warst du schon einmal an diesem Punkt?

Ich musste meinen Stolz ein wenig mehr ablegen. Risiko bedeutet immer, dass man seinen Stolz ablegt und ohne Ersatzplan im Vertrauen auf Gott loslegt.

Ich erinnere mich an jenen Tag, als wäre es gestern gewesen. Sam und ich waren frisch verheiratet, im ersten Jahr unserer Ehe und noch ohne Kinder. Wir wohnten in Redding in Kalifornien und hatten gehört, dass Heidi und Rolland Baker an diesem Wochenende in unserer Gemeinde sprechen würden.

Lange zuvor hatte mir der Herr in einer Vision gezeigt, dass mein Mann und ich eines Tages nach Mosambik gehen und mit Heidi und Rolland Baker bei *Iris Ministries* als Missionare arbeiten würden. Heidi und Rolland waren also an jenem Abend als Sprecher in unserer Gemeinde zu Gast. Sie gaben einen Altarruf: „Wer wird sein Leben für das Evangelium hingeben? Wer wird für den einen stehenbleiben und den lieben, den man nicht lieben kann?“, fragten sie. Sam und ich wussten sofort, dass dieses Wort für uns bestimmt war. Wir fassten uns an den Händen, rannten nach vorne zum Altar, ohne uns darum zu kümmern, wer uns sehen würde oder ob es überhaupt akzeptabel war, so etwas zu tun. Wir warfen uns ihnen zu Füßen, und Heidi und Rolland legten uns fröhlich die Hände auf und beteten.

Das Feuer Gottes brannte in dieser Nacht in mir und ich wusste, dass dies ein entscheidender Punkt in unserem Leben war. Wir waren beide schon seit unserem 17. Lebensjahr Missionare, aber das war unser erstes Mal als Paar. Wir entschieden uns neu für ein Leben als Verkündiger des Evangeliums. Zu dieser Zeit war es uns egal, was andere dachten. Wir waren kein bisschen stolz, als wir durch die Stuhlreihen stürmten, um zu diesem Altar zu kommen. Wir wollten Gott, und das war's.

Dass Josef, der Verlobte Marias, eine zentrale Rolle in der Bibel und Geschichte spielt, wird oft übersehen, aber wenn ich mir seine Geschichte anschaue, sehe ich immensen Mut. Er hätte sich jederzeit im Stillen von Maria scheiden lassen können. Für die anderen sah es so aus, als sei sie außerehelich schwanger geworden. Er hatte einen Grund, sich von ihr scheiden zu lassen. Stattdessen legte er nach einer Begegnung mit einem Engelsboten und der Nachricht, dass sie tatsächlich den Sohn Gottes in sich trug, seinen Stolz beiseite und nahm Maria zur Frau.

Mut.

Es erfordert großen Mut, der Stimme Gottes zu folgen. Er hat deine Schritte und deinen Weg vorgezeichnet. Sein Wort sagt:

> *Der Herr freut sich an einem aufrichtigen Menschen und führt ihn sicher* (Ps 37,23 NLB).

Um Hilfe bitten

Ich hörte einmal das Sprichwort: „Es braucht ein Dorf, um ein Kind großzuziehen.“ Die Vorstellung, Dinge in einer Gruppe oder Gemeinschaft zu tun, ist der westlichen Mentalität ziemlich fremd. Ich erinnere mich noch gut daran, wie Sam und ich in Afrika eine Art der Erziehung in der Gemeinschaft erlebten, die ich in Amerika nicht kennengelernt hatte. Ich beobachtete, wie die niedlichsten kleinen afrikanischen Babys in einem Gottesdienst weinten. Eine der mosambikanischen Mütter brachte das Baby zur Mutter und die Mutter stillte es. Wenn sie eine sonstige Hilfe brauchte, half eine andere Mutter, wo auch immer es nötig war – das Baby zu wickeln, es aufstoßen zu lassen und gelegentlich auch, es selbst zu stillen. Für mich war das damals ein kleiner Kulturschock, aber ich erinnere mich immer noch sehr gerne daran. Es war eine wunderbare Erinnerung an das Motto „Es braucht ein Dorf", und der Gemeinschaftssinn der Mütter war in ihrer Kultur sehr ausgeprägt.

Ich glaube, die meisten von uns bleiben an dem Punkt stecken, dass wir Gott darum bitten, er solle unser Wunder auf uns herabkommen oder eine Veränderung eintreten lassen. Ich erinnere mich an den Tag, an dem der Herr mir in einer Vision ein Bild von Brücken zeigte, die um mich herum gebaut wurden.

„Du suchst nach der Lösung für deinen Traum, aber die Lösungen sind zum Greifen nah, Ana. Sieh dir an, wen ich als Brückenbauer in dein Leben gestellt habe, damit sich deine Bestimmung erfüllt", hörte ich ihn sagen.

Der gelähmte Mann in der Bibel ist ein perfektes Beispiel dafür. Jesus lehrte damals eine große Gruppe von Menschen und war von ihnen umringt. Die Freunde eines gelähmten Mannes konnten nicht nahe genug an Jesus herankommen, da der Freund auf einer Trage lag. Weil sie ihrem Freund aber unbedingt helfen wollten, beschlossen sie, ihn auf das Dach zu bringen und ihn durch ein Loch im Dach herunterzulassen, sodass er direkt vor Jesus landete (vgl. Lk 5,17-26). Voller Mitgefühl befahl Jesus dem Mann, seine Trage aufzuheben und zu gehen, und der Mann wurde sofort geheilt.

Nachdem Jesus an jenem Tag zu mir über Brücken gesprochen hatte, schlug ich meine Bibel auf und las die obige Geschichte. Mir wurde klar, dass es mir wie diesem Mann ging. Ich hatte das Gefühl, dass ich die Mittel, die ich für mein Wunder brauchte, nur durch ein Eingreifen Gottes bekommen konnte, aber Gott wollte meine Aufmerksamkeit haben.

Ich bin am Wirken! Öffne deine Augen!

Die Freunde des gelähmten Mannes waren wie die Menschen, die der Herr in mein Leben gestellt hatte, um Brücken auf meinem Weg zu sein. Einige brachten Wissen mit, das ich nicht hatte, andere Ressourcen, wieder andere unterstützten mich einfach im Gebet. Als ich anfing, den Brücken nachzugehen, die der Herr bereits errichtet hatte, wurden andere Brücken gebaut und andere Türen öffneten sich, die vorher nie hätten geöffnet werden können. Gott war am Werk; ich musste nur erkennen, dass ich nicht dazu bestimmt war, dies allein zu tun.

Ein Teil des Problems war für mich, dass ich die Vision nicht so bekannt machte, dass andere Leute sich gerne einklinken würden. Du bist nicht dazu bestimmt, das alleine zu tun!

Du bist nicht dazu bestimmt, das alleine zu tun!

Lass uns nun innehalten und einen Moment mit dem Heiligen Geist nachdenken. Was hat der Herr in letzter Zeit zu dir über deine Verheißung gesagt? Zu welchen Schritten hat er dich kürzlich aufgefordert? Oft stecken wir fest, weil wir den letzten Schritt, um den er uns gebeten hat, nicht getan haben.

Wen hat Gott in dein Leben gestellt, auch wenn es nur ein neuer Kontakt ist, der ein Brückenbauer sein und ein Teil des Puzzles einbringen könnte, an das du noch nicht gedacht hast?

Schlüssel zum Durchhalten

Ich möchte dich nun kurz an die Definition von „durchhalten“ erinnern: an einer Sache festhalten, die man in Angriff genommen hat; ein Ziel trotz Schwierigkeiten, Hindernissen oder Entmutigung aufrechterhalten; unbeirrt weitermachen.

Weißt du, was mir heute an dieser Definition auffällt? „Trotz“. Vielleicht geht es dir wie mir heute. Du versuchst, mit aller

Macht ein Ziel zu erreichen, auf eine Verheißung, die Gott dir gezeigt hat, aber du bist müde geworden.

Es gibt eine Bibelstelle, die ich als sehr wahr empfinde. Ich weiß, das klingt wie ein Widerspruch in sich, da die ganze Schrift wahr ist! Aber ich habe in meinem eigenen Leben selbst erlebt, dass sie sehr wahr ist.

> *Hingezogene Hoffnung macht das Herz krank, aber ein eingetroffener Wunsch ist ein Baum des Lebens* (Spr 13,12 NIV).

Eine andere Übersetzung lautet:

> *Langes Warten macht das Herz krank, aber wenn Träume wahr werden, herrscht Leben und Freude* (Spr 13,12 NLB).

Bist du während des Wartens müde geworden?

Vor Kurzem hatten wir an einem Tag einen gewissen Durchbruch erlebt, aber scheinbar stehen wir nun trotzdem wieder am Anfang. An einem Punkt, der sich wie ein Rückschlag anfühlte, spürte ich, wie es mich wieder überkam. Die Müdigkeit war wie ein alter Freund und wollte nur allzu gern wieder auf mich draufspringen. Seit einiger Zeit denke ich mit dem Herrn darüber nach, ob es sich bei hingezogener Hoffnung und der Müdigkeit nicht nur um ein Gefühl handelt, sondern um ein dämonisches Fürstentum, das nur darauf wartet, sich an mir festzusetzen. Ich bin kein Theologe auf diesem Gebiet, aber immer wieder, wenn ich für Menschen gebetet habe, auch für mich, und der aufgeschobenen Hoffnung und der Müdigkeit in Jesu Namen befohlen habe, zu verschwinden, haben sie sich physisch von den Menschen gelöst. Die Person, für die gebetet wird, sieht dann aus, als wäre ihr die Last der Welt von den Schultern genommen worden.

> *Denn wir kämpfen nicht gegen Menschen aus Fleisch und Blut, sondern gegen die bösen Mächte und Gewalten der unsichtbaren Welt, gegen jene Mächte der Finsternis, die diese Welt beherrschen, und gegen die bösen Geister in der Himmelswelt* (Eph 6,12 NLB).

Vielleicht geht es dir beim Lesen dieser Zeilen so wie mir heute – du erkennst, dass es an der Zeit ist, die aufgeschobene Hoffnung und die Müdigkeit in Jesu Namen zu vertreiben!

Los, probiere es aus.

Das Blut des Lammes wurde für dich vergossen. Wenn du also an ihn glaubst und ihn in dein Herz aufgenommen hast, bedeutet das, dass du den lebendigen Christus in dir hast, und Christus hat Satan und jedes kleine Fürstentum, das zu ihm gehört, besiegt.

Es ist also an der Zeit, dass du das Blut Jesu in Anspruch nimmst und befiehlst: „Müdigkeit und aufgeschobene Hoffnung, es ist Zeit, dass ihr geht in Jesu Namen!"

Na also, das fühlt sich doch gleich viel besser an!

Was für eine Erfahrung ist es doch, ein Buch zum Thema „das Land einnehmen" zu schreiben, während ich die wichtigsten Botschaften und Inhalte darin in die Tat umsetze! Hey, wenn es bei mir funktioniert, sollte es auch anderen helfen!

Jetzt, wo wir Autorität über die aufgeschobene Hoffnung und die Müdigkeit genommen haben, möchte ich dir ein paar Tipps weitergeben, die ich auf diesem Weg gelernt habe, einer Verheißung Gottes nachzujagen, nicht nur für mein Leben, sondern auch für das Leben meiner Familie.

Um ganz ehrlich zu sein, es gibt viele Ratgeber darüber, wie man durchhalten kann. Dieser Tipp bzw. Schlüssel hat mich jedoch überrascht. Der Heilige Geist teilte mir mit, er werde oft übersehen, sei aber einer der mächtigsten und effektivsten Schlüssel, um das aufzuschließen, was blockiert ist.

Sieh ihn als einen mächtigen Schlüssel an, der dir helfen wird, deine Bestimmung aufzuschließen! Bist du bereit? Gratulation!

Faste!

Ja! Du hast mich verstanden. Faste! Fasten funktioniert wirklich! Warum predigen wir das nicht öfter in der Gemeinde? Ehrlich gesagt, war ich früher eine schreckliche „Fasterin". Ich bin in der Gemeinde aufgewachsen und wusste, dass Fasten eine gute Idee ist, aber es gehörte eigentlich nicht zu meinem Lebensstil. Ich habe einmal eine 21-tägige Daniel-Fastenkur gemacht und auch einmal ein 40-tägiges Fasten, aber das war nie etwas Konstantes. Es gab auch Zeiten, in denen ich aus den falschen Gründen fastete – weil ich mich unter Druck gesetzt fühlte, weil alle anderen es auch taten, oder weil ich nur fastete, um einen Durchbruch zu erzielen und mein Gebetsbedürfnis zu stillen. Ich bin nur ehrlich.

Eines Tages stieß ich auf eine Bibelstelle, die meine Sicht auf das Fasten veränderte.

In Matthäus 6,16-18 spricht Jesus mit seinen Jüngern und sagt:

> *Wenn ihr fastet, so tut es nicht öffentlich wie die Heuchler, die blass und nachlässig gekleidet herumgehen, damit die Leute sie für ihr Fasten bewundern. Ich versichere euch: Das ist der einzige Lohn, den sie jemals dafür erhalten werden. Wenn du fastest, dann kämme deine Haare und wasche dir das Gesicht. Dann wird niemand auf den Gedanken kommen, dass du fastest, außer deinem Vater, der weiß, was du in aller Stille tust. Und dein Vater, der alle Geheimnisse kennt, wird dich dafür belohnen* (NLB).

Diese Bibelstelle war mir nicht unbekannt, aber es war, als hätte mir der Heilige Geist die Augen geöffnet, um sie auf eine ganz andere Weise zu sehen. Ich hatte schon viele Predigten darüber gehört, dass wir es nicht in die Welt hinausposaunen sollen, wenn wir uns zum Fasten entschließen, und dass wir uns nicht über andere erheben sollen, als hätten wir Punkte vom Heiligen Geist erhalten. Aber der Herr hat mir drei neue Gedanken zum Fasten aufgezeigt.

1. „Wenn du fastest", nicht „Falls du fastest"

Jesus sagte „wenn" und nicht „falls", was darauf hindeutet, dass das Fasten ein fester Bestandteil des Lebensstils der Jünger war und erwartet wurde. Ich will niemanden unter Druck setzen, etwas zu tun, nur um „religiös“ zu sein. Aber der Gedanke, dass Fasten ein regelmäßiger Teil unseres Lebensstils sein sollte, ist für mich ein entscheidender Wendepunkt. Jesus gab den Jüngern, die er in seinen inneren Kreis aufnahm, die Anweisung, regelmäßig zu fasten. Es geht nicht darum, religiös zu sein. Fasten hat so viele positive Auswirkungen und Jesus wusste das! Deshalb sagte er „wenn“, nicht „falls“. Ein Wendepunkt! Ich weiß!

Vielleicht liest du das hier und bist noch nicht ganz überzeugt. Warte, bis ich dir erzähle, was mit mir passiert ist, als ich angefangen habe, das Fasten regelmäßig in meine Woche einzuplanen!

2. Dein Vater beobachtet alles, was du im Geheimen tust

Das Fasten ist eine Hilfe, sich dem Vater zu nähern. Ich weiß nicht, wie es dir geht, aber ich fühle mich sehr schwach, wenn ich keine Nahrung zu mir nehme. Ich fühle mich nicht nur schwach, sondern alle meine Schwächen kommen zum Vorschein.

Ich weiß noch, dass ich eines Tages, als ich fastete, nicht die größte Geduld hatte, als ich meinem fünfjährigen Sohn dabei zusah, wie er zum hundertsten Mal in seinem Leben unsere Couch auseinandernahm, um das seiner Meinung nach beste „Bauwerk“ aller Zeiten zu errichten. (Hier ist ein zukünftiger Ingenieur in der Mache!) Der Mangel an Essen und Kaffee machte mir zu schaffen. „Mensch Junge! Muss das sein? Muss ich jeden Tag mit so etwas aufwachen?“, fragte ich ihn mit einem scharfen Tonfall. Sofort wollte ich meine Worte zurücknehmen. Sein Gesichtsausdruck wirkte so niedergeschlagen. Obwohl es noch früh am Morgen war, hatte ich sein Gebilde nicht bewundert, an dem er so stolz gearbeitet hatte, und ich konnte sehen, dass er enttäuscht war. Ich entschuldigte mich natürlich und fing sofort an, seine Kreation zu bewundern und zu loben.

Innerlich wusste ich jedoch, dass es eine ungeduldige Seite in mir gab, an der Gott arbeiten wollte. Als ich mich an jenem Nachmittag in meiner Gebetszeit an Jesus wandte, begegneten wir uns von Herz zu Herz. Ich hatte das Gefühl, dass Gott mir sagen wollte: „Lass uns über den Zustand deines Herzens sprechen." Gemeinsam arbeiteten wir an meinem Herzen, an Bereichen, in denen ich noch Wachstum brauchte.

Lass uns über den Zustand deines Herzens sprechen.

Durch die Gabe des Fastens komme ich Jesus in meiner Schwachheit näher, und er begegnet mir dort. Gott nutzt den Prozess des Fastens, um mein Herz weich zu machen und mich näher zu ihm zu ziehen. Jedes Mal, wenn ich faste, lerne ich neue Ebenen der Abhängigkeit von ihm kennen. Du wirst mehr und mehr mit deinen eigenen Schwächen konfrontiert werden. Es ist wirklich eine Art Entblößen. Jeder Stolz, von dem du dachtest, du hättest ihn nicht – den du aber tatsächlich hast –, wird dir durch das Fasten bewusst. Und dieser Prozess, in dem wir unseren Stolz und unsere Bequemlichkeit ablegen und der uns zeigt, wo wir noch wachsen müssen, ist eine tolle Sache!

Fasten ist ein Weg, ehrlich zu sein und vor dem Herrn Buße zu tun.

> *Und sie versammelten sich in Mizpa, schöpften Wasser und gossen es aus vor dem HERRN. Sie fasteten an demselben Tag und sagten dort: Wir haben gegen den HERRN gesündigt! Und Samuel richtete die Söhne Israel in Mizpa* (1 Sam 7,6).

Wenn wir unsere eigene Schwäche und mangelnde Vollkommenheit vor dem Kreuz erkennen, sorgt das dafür, dass uns bewusst wird, dass wir ihn und seine Vergebung für unsere Sünden noch sehr viel mehr brauchen.

Wenn ich auf mein Leben zurückblicke, wird mir bewusst, dass ich einige meiner innigsten und intensivsten Begegnungen mit Gott in Zeiten erlebte, in denen ich mich sehr schwach fühlte und um Kraft zu ihm rennen musste. Und dort, an diesem Punkt, begegnet er uns.

Er wird dir heute begegnen.

3. Er belohnt die, die fasten!

Durch das Fasten hörst du Gott nicht nur deutlicher und wirst sensibler für seine Gegenwart, sondern du wirst auch rechtmäßig belohnt! Aber hör mir bitte zu. Ich habe in der Vergangenheit erlebt, dass Menschen aus den falschen Motiven heraus gefastet haben (ich gehörte auch dazu!). Anstatt zu fasten, um ihm nahe zu sein, wird das Fasten z. B. von dem Gedanken beherrscht, „den Durchbruch zu schaffen“. Ich glaube zwar, dass der Durchbruch oft durch Fasten kommt, aber das sollte nicht das Endziel sein. Mein Ziel ist es, näher zu ihm zu kommen.

> *Und du, mein Liebster, bist wie ein Apfelbaum unter den Bäumen des Waldes, du übertriffst alle anderen Männer! Im Schatten dieses Baumes möchte ich ausruhen und seine süßen Früchte genießen. Ins Weinhaus hat er mich geführt; dort zeigt er mir, wie sehr er mich liebt* (Hld 2,3-4 NLB).

Fasten hat nichts damit zu tun, unseren Willen durchzusetzen. Nein, nein! Es geht sowieso um sein Reich.

Dennoch war ich überrascht, welche Segnungen an den Tagen, an denen ich fastete, unübersehbar waren. Wie du inzwischen weißt, gab Gott uns diese verrückte Vision, Land zu kaufen und einen Ort des Friedens und der Erholung für Propheten und Apostel zu errichten. Es ist nicht leicht, auf einem sehr aggressiven Markt Immobilien zu kaufen, vor allem unbebautes Land! Aber Gott! Als ich das Fasten regelmäßig in meinen Wochenplan einbaute (und als vielbeschäftigte Mutter fand ich heraus, dass zeitweiliges Fasten am besten funktionierte, um mit dem Alltag klarzukommen), bemerkte ich, dass an den Tagen, an denen ich fastete, mehr Spenden für das Erholungszentrum einzugehen schienen – diese Sache, für die wir jetzt seit über sechs Jahren im Glauben stehen. Gott ist fähig!

KAPITEL 5

Mit einem prophetischen Wort richtig umgehen

Okay. Gott hat dir also eine Verheißung gegeben. Was nun? Was tust du, während du darauf wartest, dass das prophetische Wort in Erfüllung geht?

Was ich in diesem Abschnitt des Buches erörtern möchte, ist das Ergebnis jahrelanger Erfahrung, an einem Wort Gottes für unsere Familie festzuhalten und mit diesem Wort gut umzugehen. Allzu oft erhalten wir nämlich ein prophetisches Wort und tun dann nichts damit, und das Wort schlummert vor sich hin. Dieses Kapitel soll dich mit einigen praktischen, hilfreichen Tipps ermutigen – gerade jetzt und genau da, wo du stehst.

Wenn du ein Wort von Gott erhältst, ist es nicht deine Aufgabe, nur darauf zu warten, dass es eintrifft, sondern damit gut umzugehen. Das bedeutet, dafür zu sorgen, dass es trotz Schwierigkeiten oder Mühen in Erfüllung geht.

Gott gibt dir ein Verheißung

Gehen wir einen Schritt zurück und lass mich zur Erinnerung das klare Wort mitteilen, das der Herr unserer Familie gegeben hat. Bitte überfliege es nicht, sondern lies es wirklich, denn ich möchte dir zeigen, wie und was wir mit diesem Wort durch die Leitung des Heiligen Geistes gemacht haben.

Vor sechs Jahren zeigte mir der Herr zuerst eine Vision. Es ist nicht ungewöhnlich, dass der Herr zuerst durch Visionen zu mir spricht, da ich eine Seherin bin.[1]

Ich sah ein Land, und Jesus und ich gingen Hand in Hand über ein großes, offenes Feld. „Was zeigst du mir, Herr?“, fragte ich.

„Das ist euer verheißenes Land“, sagte der Herr. „Das ist das Land, das ich euch gebe, damit ihr euch um meine Propheten, Apostel und Mitarbeiter an vorderster Front kümmert. Es wird ein Ort des Friedens sein, ein Ort der Erholung. Es wird ein Segen für euer Erbe sein.“

Gemeinsam gingen wir durch das Feld und ich bat den Herrn, mir mehr von dem zu zeigen, was sich auf dem Grundstück befand.

Schlüssel: Bitte den Herrn, dir mehr zu zeigen, um Klarheit zu bekommen.

Dann nahm mich der Herr und zeigte mir, dass man vom Grundstück auch einen Weitblick hatte; es gab dort also Berge. In der Ferne sah ich große Bäume. Das Feld, durch das wir gingen, war viele Hektar groß, eben und gut geeignet, um darauf zu bauen. Dann zitierte der Herr eine Bibelstelle:

> *Du bereitest vor mir einen Tisch im Angesicht meiner Feinde. Du salbst mein Haupt mit Öl und schenkst mir voll ein. Gutes und Barmherzigkeit werden mir folgen mein Leben lang, und ich werde bleiben im Hause des HERRN immerdar* (Ps 23,5-6 LUT).

Wieder bat ich ihn um eine Erklärung. Jesus winkte mir und bat mich, mich neben ihn unter einen Baum zu setzen, von wo aus man das Feld unter mir überblicken konnte.

---

[1] Vgl. hierzu: Jonathan Welton, *Die Schule der Seher,* GloryWorld-Medien 2013, um mehr darüber zu erfahren, wie du in der Gabe des Sehers wirken kannst.

„Ana, ich bitte dich, meine Festtafel zu bauen, einen Ort, an den die Menschen kommen, um sich in meiner Gegenwart zu laben. Sie werden aufgetankt, erhalten von mir eine klare Sicht und werden durch das Genießen in meiner Gegenwart wiederhergestellt. Und dann werden sie wieder in die Ernte ausgesandt. In den kommenden Zeiten wird es einen großen Bedarf an solchen Orten der Erholung geben, denn du und meine Mitarbeiter an der Front werden viel geben. Ihr werdet einen Ort brauchen, an dem ihr euch in meine Gegenwart zurückziehen könnt. Sogar ich musste mich zurückziehen, um beim Vater zu sein, wenn ich intensiv gedient habe."

1. Schreibe es auf

Gleich nachdem ich aus der Vision mit dem Herrn herausgekommen war, wusste ich, was zu tun war. Ich nahm mein Tagebuch und meinen Stift und schrieb alles, woran ich mich erinnern konnte, im Detail auf. Und wenn ich Detail sage, dann meine ich Detail. Sogar den Geruch der Luft, die Stelle, wo ich die Sonne untergehen sah, und wie die Bäume aussahen, wenn ich sie zeichnen konnte. Ich habe alles aufgeschrieben, sogar wie ich mich fühlte, nachdem der Herr mich gebeten hatte, diesen Ort zu erbauen. Ich schrieb die Bibelstelle in großen, fetten Buchstaben auf und machte Kopien davon, die ich in mein Tagebuch legte, auf meinen Schreibtisch stellte und an meine Wand heftete, damit ich täglich daran erinnert wurde.

In Habakuk 2,2-3 steht:

> *Der HERR sprach zu mir: „Was ich dir in dieser Vision sage, das schreibe in deutlicher Schrift auf Tafeln nieder! Jeder, der vorübergeht, soll es lesen können. Denn was ich dir jetzt offenbare, wird nicht sofort eintreffen, sondern erst zur festgesetzten Zeit. Aber es wird sich ganz bestimmt erfüllen, darauf kannst du dich verlassen"* (HFA).

Weißt du, warum es so wichtig ist, es detailliert aufzuschreiben, wenn Gott etwas zu uns spricht? Später, wenn die Stimme des

Feindes viel lauter zu sein scheint oder wenn andere mit verwirrenden oder widersprüchlichen Meinungen kommen oder du sogar an dir selbst im Kampf um deinen Glauben zweifelst, hast du dieses Wort, auf das du dich stellen kannst! Vor allem, wenn du schon lange für etwas kämpfst, wie ich vermute. Du wirst dieses Wort brauchen, um dich darauf zu besinnen und Klarheit zu gewinnen, und sagen: „Was genau hat Gott eigentlich zu mir gesagt?“ Hast du das verstanden?

Nimm dir jetzt einen Moment Zeit, halte inne und verschaffe dir Klarheit. Frage dich: „Was war es, das Gott ursprünglich zu mir gesagt hat?“

Während dieses Prozesses, in dem wir den Herrn wegen des uns verheißenen Grundstücks gesucht haben, war es manchmal so einfach, sich zu fragen: „Gott, könnte es das sein? Ist das die Verheißung? Könnte vielleicht sein ...“

Gott ist konkret, wenn wir ihn darum bitten. Manchmal befindet sich das größte Schlachtfeld in unserem Kopf. Wir zweifeln und fragen uns: Haben wir Gott wirklich richtig gehört? Wir können sogar etwas falsch auslegen, damit es hoffentlich zu dem Wort passt, das Gott uns in unserer Leidenschaft und Unzufriedenheit bei der Vorbereitung des Segens gegeben hat.

Hast du gerade Amen gesagt? (Ja, ich habe dich gehört!)

Deshalb musst du aufschreiben, was du im Detail hörst. Wie bei einer Schatzkarte wirst du eines Tages in der Lage sein, all die kleinen Wege, auf denen der Herr im Laufe der Jahre zu dir über diese Verheißung gesprochen hat, im Detail Revue passieren zu lassen. Das wird dein größter Schlüssel bzw. deine größte Bestätigung sein und dir die Gewissheit geben, dass du vorwärtsgehen kannst.

2. Bete für Klarheit und Orientierung

Vom HERRN her werden eines Mannes Schritte gefestigt, und an seinem Weg hat er Gefallen; fällt er, so wird er doch nicht hingestreckt, denn der HERR stützt seine Hand. Ich bin jung gewesen und bin alt geworden, doch nie sah ich einen

> *Gerechten verlassen, noch seine Nachkommen um Brot betteln* (Ps 37,23-25).

Der Herr wird dich nicht zu Fall bringen! Wirf deine Angst zu fallen, jetzt auf ihn. Wirf alle deine Versagensängste ans Kreuz, wenn du im Glauben eine Sprung machst. Er wird dich tragen! Kannst du das glauben? Gott bleibt bei dir und erwartet nicht, dass du es alleine schaffst. Er wird dich bis zur Verheißung hindurchtragen.

Jetzt ist die Zeit gekommen, dir Klarheit zu verschaffen. Du hast nun schon eine Weile gebetet und gerungen, und jetzt ist es an der Zeit, um Klarheit zu bitten. Oft bewegen wir uns sehr schnell und konzentrieren uns so sehr auf eine Sache oder ein Ziel, dass uns die Fähigkeit fehlt, einen Schritt zurückzutreten und das ganze Bild aus der Ferne zu betrachten.

Stolz.

Da, ich habe das Wort gesagt.

Können wir einmal kurz innehalten und ehrlich sein? Manchmal steht uns unser eigener Stolz im Weg, wenn wir Klarheit und Orientierung suchen, weil wir Angst haben, zuzugeben, dass wir einen Fehler gemacht haben könnten.

> *Stolz wird in Schande enden, aus Demut aber folgt Weisheit* (Spr 11,2 NLB).

„Gott, ich dachte, ich hätte dich gehört und wüsste, in welche Richtung ich gehe, aber vielleicht habe ich mich ja geirrt? Gott, vielleicht habe ich dich gehört und dieses Wort auf das angewandt, was ich gerne als das Richtige, das Passende gehabt hätte, aber es ist nicht wirklich dein Bestes für mich."

Autsch! Sei bereit, den Herrn jetzt um Klarheit in Bezug auf die Verheißung zu bitten und auch um die Schritte, die du jetzt in Richtung der Verheißung gehen sollst.

Zugegeben, in den letzten sechs Jahren musste ich oft zu Gott zurückgehen und ihn um Klarheit bitten, weil ich manchmal fälschlicherweise dachte: *Das muss das Land sein. Passt das zu meiner Vision?* Es war ein intensiver Prozess, immer wieder zu Gott zu gehen, um Klarheit zu bekommen, und dabei demütig zu bleiben und gegenüber meinen Fürbittern mehrmals zuzugeben: „Vielleicht liege ich falsch, was dieses Grundstück angeht."

Und dennoch ist die Verheißung immer noch da. Und doch hörst du die Stimme Gottes. Und trotzdem liebt er dich noch!

Nimm dir einen Moment Zeit, um innezuhalten und Gott zu bitten, dass er dir heute Klarheit und Orientierung gibt.

3. Ordne dich geistlichen Autoritäten und Mentoren unter

Gleich zu Beginn, als wir diese Vision vom Herrn erhielten, hörten wir, wie der Heilige Geist uns ermutigte, sie den Menschen zu unterbreiten, die in unserem Leben Autorität haben.

Es ist erstaunlich, dass Menschen mit echter Weisheit, die uns vorausgegangen sind und Pionierarbeit geleistet haben, in unser Leben gesprochen haben. Das sind Menschen, denen unsere Familie wirklich am Herzen liegt und die prophetisch vor den Herrn treten, um zu hören, was er uns sagen möchte. Ohne Angst teilen sie uns das mit, was sie vom Herrn hören, auch wenn es nicht mit dem übereinstimmt, was wir gerade hören. Es ist so wichtig, Ratgeber in den Prozess der Erfüllung deiner Verheißung mit einzubeziehen!

Halte dich fest an die Menschen in deinem Leben, die bereit sind, dich zu lieben, dich herauszufordern und dich tiefer in die Beziehung zu Gott hineinzurufen.

4. Das Wort anwenden

> *Denn das Wort Gottes ist lebendig und wirksam und schärfer als jedes zweischneidige Schwert und durchdringend bis zur Scheidung von Seele und Geist, sowohl der Gelenke als auch des Markes, und ein Richter der Gedanken und Gesinnungen des Herzens* (Hebr 4,12).

> *Er aber antwortete und sprach: Es steht geschrieben: „Nicht von Brot allein soll der Mensch leben, sondern von jedem Wort, das durch den Mund Gottes ausgeht"* (Mt 4,4).

Beschließt du eine Sache, wird sie zustande kommen, und über deinen Wegen leuchtet Licht auf (Hiob 22,28).

Denn der HERR gibt Weisheit. Aus seinem Mund kommen Erkenntnis und Verständnis (Spr 2,6).

So wird mein Wort sein, das aus meinem Mund hervorgeht. Es wird nicht leer zu mir zurückkehren, sondern es bewirkt, was mir gefällt, und führt aus, wozu ich es gesandt habe (Jes 55,11).

Ich wollte diesen Abschnitts mit einigen Bibelstellen beginnen, die auf die Macht des Wortes Gottes hinweisen. Das Wort Gottes ist eine sehr starke Waffe, wenn wir im Kampf sind, aber dennoch hat die Gemeinde es aus den Augen verloren, es zu benutzen. Als Jesus selbst in die Wüste geführt wurde, kämpfte er gegen den Feind und besiegte ihn, indem er das Wort Gottes benutzte („Es steht geschrieben"). Das allein sollte uns schon dazu bringen, das Wort Gottes leidenschaftlicher zu benutzen. Wenn es bei Jesus funktioniert hat, wird es auch bei dir funktionieren!

Und falls du es vergessen hast – wir stehen in einem Kampf!

Denn unser Kampf ist nicht gegen Fleisch und Blut, sondern gegen die Gewalten, gegen die Mächte, gegen die Weltbeherrscher dieser Finsternis, gegen die geistigen Mächte der Bosheit in der Himmelswelt (Eph 6,12).

Die Verheißung, um die du jetzt schon so lange ringst, ist Teil von Gottes wunderbarem Plan. Es geht nicht darum, dass du deinen Wunsch bekommst. Natürlich kennt Gott die Wünsche unserer Herzen, und er liebt sie. Irgendwann auf deinem Weg mit ihm, in deiner Liebesbeziehung zu Jesus, wirst du erkennen, dass es nicht mehr um dich geht. Er ist der König, und das hier ist sein Reich. Wenn deine Liebe zu ihm immer mehr zunimmt, werden sich deine Gebete und Wünsche verändern:

Dein Reich komme. Dein Wille geschehe wie im Himmel so auf Erden (Mt 6,10 LUT).

Die Verheißung, an die du heute glaubst, ist ein Teil von Gottes Reich, das sich hier auf der Erde manifestiert. Du bist ein Teil seiner Geschichte. Mit genau dem, was du jetzt gerade durchmachst, wirst du eines Tages anderen helfen, den Sieg davonzutragen. Wenn du bereit bist, wird Gott dein Leben benutzen, um etwas Großartiges zu seiner Ehre zu tun!

Du bist ein Teil seiner Geschichte.

Der Feind dieser Welt will nichts lieber, als dich davon abhalten, diese Verheißung zu erfüllen. Es liegt in der Natur des Teufels, zu stehlen, zu töten und zu zerstören – ja, sogar deine Träume!

Lass uns zusammen kurz etwas Kampfführung betreiben. Fühlst du dich heute ein wenig entmutigt? Vielleicht solltest du das Gleiche tun wie ich: Nimm das Wort Gottes zur Hand, marschiere in deinem Haus (oder deinem Garten, wie ich es gleich tun werde) herum und proklamiere laut, was Gott zu deiner Situation sagt.

Im nächsten Kapitel wirst du mit Hilfe des Wortes eine starke Proklamation schreiben. Es ist an der Zeit, das Wort herauszuholen und dem Feind mit diesem Schwert ins Gesicht zu schlagen.

Pass auf, was die Kraft des Wortes bewirkt!

5. In die Vision investieren

Eines Tages wachte ich auf und hörte ein klares Wort vom Herrn. Ich liebe es, wenn Gott das tut. Könnte es nicht jeden Tag so sein, dass du einfach aufwachst und sofort seine Stimme hörst? Das würde das Leben sicher ein bisschen einfacher machen!

Er sagte: „Säe in die Vision."

Während meiner morgendlichen Andachtszeit an diesem Tag stolperte ich dann über diesen kleinen Vers in der Bibel, der wie ein Weckruf ist!

Irrt euch nicht, Gott lässt sich nicht verspotten! Denn was ein Mensch sät, das wird er auch ernten (Gal 6,7).

In der Schrift heißt es weiter, dass man anderen Menschen Gutes tun soll, aber der Gedanke von „säen und ernten" stach mir ins Auge, denn ich wusste, dass der Herr meine Aufmerksamkeit auf das Land lenken wollte.

Säen und ernten ist kein neues Konzept für mich. Es geht nicht immer nur um Finanzen, sondern auch um deine Zeit, deine Energie oder darum, jemandem zu dienen. Du wirst später die Früchte davon ernten.

Kürzlich habe ich zusammen mit vielen anderen Gästen eine Fernsehsendung mit Katie Souza gemacht. Ihr Team hatte mit den geplanten Dreharbeiten alle Hände voll zu tun. James Goll sollte am nächsten Tag kommen, hatte aber leider niemanden, der ihn von seinem Hotel, das etwa 45 Minuten Fahrt entfernt lag, zum Studio bringen konnte. Ich meldete mich freiwillig, da er mein geistlicher Papa und Freund ist. Und wir hatten dann an diesem Tag eine ganz wunderbare Zeit im Auto, in der wir uns über die Geschichte der Prophetie unterhielten und uns einfach nur über das Neueste in unserem Leben austauschten, als er sich nach meinem Mann und meinen Kindern erkundigte und ich mich nach seinem neuen Enkelkind!

Auf dem Rückweg blieb James, als ich mich mit ihm unterhielt, einmal einfach stehen, neigte den Kopf zur Seite, wie er es oft tut, wenn er ein prophetisches Wort vom Herrn erhält, und sagte zu mir: „Du erntest jetzt den Segen, weil du Katies Dienst unterstützt. Die Dinge tun sich jetzt für dich auf, weil du in ihre Atmosphäre des Glaubens kommst." Und es stimmte! An diesem Tag ging mir noch mehr auf, was es heißt, zu ernten, was man sät, und welchen Segen das Dienen mit sich bringt.

Nun wieder zu dem Morgen, als ich aufwachte und deutlich vom Herrn hörte: „Säe in die Vision" und mir die Schriftstelle über das Säen und Ernten vor Augen geführt wurde. Ich wusste, dass Gott uns aufforderte, etwas mehr zu tun, als nur zu beten.

Uns wurde klar, dass wir finanziell säen mussten. Als wir beteten, führte uns der Herr dazu, bestimmte Projekte und Dienste finanziell zu unterstützen, von denen wir glaubten, dass sie die Gegenwart des Herrn förderten. Wenn wir das taten, beteten wir: „Herr, lass dies ein Segen für sie sein und lass es ein Segen für unser Land sein."

Jedes Mal, wenn wir säten, ernteten wir. Wir erhielten eine klarere Vision, Gott schickte uns Menschen, die sich mit uns verbanden – alles Schlüssel dazu, dass wir das Land bekamen. Es funktioniert wirklich; du wirst wirklich ernten, was du säst! Überlege dir also schon heute, ob du mit deinen Finanzen in genau das hineininvestieren willst, wofür du kämpfst.

> *Ich bin davon überzeugt: Wer wenig sät, der wird auch wenig ernten; wer aber viel sät, der wird auch viel ernten. So soll jeder für sich selbst entscheiden, wie viel er geben will, und zwar freiwillig und nicht aus Pflichtgefühl. Denn Gott liebt den, der fröhlich gibt* (2 Kor 9,6-7 HFA).

6. Gebet und Fasten! Es funktioniert wirklich!

> *Wenn du aber betest, so geh in deine Kammer, und wenn du deine Tür geschlossen hast, bete zu deinem Vater, der im Verborgenen ist! Und dein Vater, der im Verborgenen sieht, wird dir vergelten* (Mt 6,6).

„Bete einfach!", hörte ich den Herrn eines Tages zu mir sagen, als ich meine Gedanken schweifen ließ und über die Fragen nachdachte: *Warum haben wir noch keinen Durchbruch? Warum die Verzögerung? Wird das jemals passieren, Herr? Hast du diese Verheißung noch für unsere Familie?*

Sei versichert, dass wir alle – ich wiederhole, wir alle – irgendwann mit Zweifeln zu kämpfen haben, wenn wir uns dafür einsetzen, dass sich eine Verheißung Gottes erfüllt. Das ist die häufigste Art und Weise, wie der Feind versucht, uns den Glauben zu nehmen!

Aber er befahl mir an diesem Tag: „Bete einfach!“ Ich habe verstanden! Höre auf, dich zu beschweren und dir Sorgen zu machen, und fang einfach an zu beten! Zumindest habe ich es so verinnerlicht.

Ich ging in mein Büro, schloss die Tür, setzte mich in meinen bequemen Gebetssessel und traf mich mit dem Herrn im Gebet. In dem Moment, in dem ich das tat, rate mal, was passierte? Die Sorgen, Zweifel und Ängste fielen von mir ab. Ich fühlte mich körperlich leichter, und obwohl ich keine Antworten hatte, kehrte die Gewissheit zurück, dass Gott alles im Griff und unter Kontrolle hat!

Als ich anfing, ein wöchentliches Fasten in meine Gebetszeit mit dem Herrn für das Land einzubauen, sahen wir große Veränderungen. Der Durchbruch, den ich sah, betraf vor allem den mentalen Kampf, den ich über einen längeren Zeitraum führen musste. Als ich mich dem Gebet und dem Fasten widmete, war es so viel einfacher, über Entmutigung zu siegen und im Glauben zu bleiben. Ein weiterer Tipp: Schreibe deine Gebetsanliegen in ein Tagebuch. Es hat so viel Spaß gemacht, wöchentlich zurückzuschauen und zu sehen, wie er auf seine eigene Weise geantwortet hat!

7. Erinnere Gott

So seltsam das auch klingt – warum solltest du Gott an irgendetwas erinnern müssen; er ist doch allwissend, oder? –, aber es ist biblisch, Gebete zu beten, die Gott an seine Verheißung erinnern. Mose hat es getan, warum also nicht auch du?

In 2. Mose 32 hatte Mose gerade die beiden Tafeln erhalten, die der Herr selbst für die Israeliten auf dem Berg Sinai beschrieben hatte, und dann entdeckte er, dass die Israeliten aus Frustration darüber, wie lange Mose brauchte, um vom Berg herabzukommen, sich goldene Götzen gemacht hatten, um sie anzubeten. In seinem Zorn über das Volk plante Gott, die Israeliten komplett auszulöschen und neu anzufangen.

Und nun lass mich, damit mein Zorn gegen sie entbrennt und ich sie vernichte! Dich aber will ich zu einer großen Nation machen (2 Mo 32,10).

Mose griff daraufhin im Namen der Israeliten ein und erinnerte Gott an sein Verheißung an das Volk.

Lass ab von der Glut deines Zornes und lass dich das Unheil gereuen, das du über dein Volk bringen willst! Denke an deine Knechte Abraham, Isaak und Israel, denen du bei dir selbst geschworen und denen du gesagt hast: Ich will eure Nachkommen so zahlreich machen wie die Sterne des Himmels, und dieses ganze Land, von dem ich gesagt habe: „Ich werde es euren Nachkommen geben", das werden sie für ewig in Besitz nehmen. Da gereute den HERRN das Unheil, von dem er gesagt hatte, er werde es seinem Volk antun (2 Mo 32,12-14).

Wie bitte? Hast du das gelesen? Gott änderte seine Meinung, weil Mose ihn an sein Verheißung erinnerte.

Deshalb fordere ich dich nun heraus. Fange heute an zu beten und erinnere Gott an das verheißene Wort, das er über dich gesprochen hat.

8. Unmittelbar gehorchen

Wenn Gott dir befiehlt, etwas zu tun, gehorche ihm direkt und ohne Kompromisse. Kompromissloser Gehorsam bringt die Gunst des Herrn, und die Gunst des Herrn bringt Segen. Willst du den Segen des Herrn über deinem Leben? Dann geh keine Kompromisse ein. Gehorche einfach.

(Nebenbei bemerkt: Ich denke, das sollte der nächste T-Shirt-Slogan sein, der sich durchsetzt. Diejenigen von uns, die die 1980er-Jahre erlebt haben, erinnern sich an die Botschaft „Tu's einfach!" auf T-Shirts. Ich sage: „Gehorche einfach!")

Gott gab uns vor über sechs Jahren eine Vision für dieses verheißene Land. Eine Sache, die er uns ausdrücklich aufgetragen hat, war: „Ihr sollt die Vision nicht umsetzen, bevor ich es euch erlaube. Ihr sollt die Leute nicht um Spenden bitten, bevor ich sage, dass es an der Zeit ist."

Kurz nachdem wir diesen Befehl erhielten, kam der Ansturm der Versuchungen, Spenden zu sammeln. (Es kommt oft vor, dass man, wenn man einen Befehl des Herrn bekommt, in der Regel direkt danach eine Versuchung zum Ungehorsam folgt).

Eine Freundin rief mich an und hatte einen Plan. Sie gehörte zu der Gruppe von Freunden, für die der Herr uns erlaubte, ihnen unser Vorhaben bekanntzumachen und sie um Gebet zu bitten. Sie hatte die besten Absichten und wollte uns so gerne helfen.

Der Plan, den sie hatte, hätte sich zu einer Art Spendenaktion entwickelt – eine Möglichkeit, eine Kampagne durchzuführen und die Vision bekannt zu machen usw. Ich schätzte ihre Haltung sehr, aber ich wusste, dass wir dazu vom Herrn keine Erlaubnis hatten.

„Verlass dich nicht auf deinen Verstand", war das Wort, das mir der Heilige Geist nach diesem Telefonat immer wieder zuflüsterte (vgl. Spr 3,5).

Ein Jahr später diente ich bei einem Treffen in Texas. Niemand dort (außer Joan Hunter) wusste etwas über das Land, für das wir gebetet hatten. Ein anderer Prophet sah mich von der Kanzel aus an und begann zu prophezeien: „Ana, ich sehe die Salbung des Bauherrn über dir. Du wirst einen Ort der Sicherheit und des Shalom-Friedens bauen, ein Bethel für Leiter im Leib Christi. Das Land ist da. Du brauchst die Finanzen, aber die Finanzen sind da. Du wirst das bauen. Die Gunst und der Segen des Herrn liegen über dir und deiner Familie, um das zu bauen."

In diesem Moment wäre es ein Leichtes gewesen, mit ihm übereinzustimmen und vielleicht auf den Punkt hinzuweisen, dass wir die Finanzen noch brauchten – „Ja, Herr, tu es, Gott!" –, aber ich tat es nicht. Warum? Weil Gott uns damals noch nicht einmal die Erlaubnis gegeben hatte, diese Vision mit vielen Menschen zu teilen. So nickte ich einfach, dankte dem Propheten und sagte ihm später, welche starke Bestätigung des Herrn sein Wort war, aber ich lenkte keine Aufmerksamkeit darauf und teilte es auch den Anwesenden nicht mit.

Ein Jahr später, eines Morgens unter der Dusche, hörte ich die Stimme des Herrn: „Jetzt ist es an der Zeit, die Vision bekanntzumachen."

Schockiert antwortete ich: „Nein, Herr!"

Wir hatten das Wort so gut gehütet und es nur mit den wenigen Menschen geteilt, für die wir die Erlaubnis des Herrn hatten, sodass es sich jetzt für uns fast zu heikel anfühlte, unsere wunderbare Verheißung auch anderen mitzuteilen.

Aber wir waren gehorsam. Wenn ich auf diesen Prozess zurückblicke, erkenne ich jetzt, dass das Timing des Herrn perfekt war. Wir hatten zu der Zeit sehr viel Klarheit und fühlten uns sehr geerdet. Jetzt war der richtige Zeitpunkt für unsere Familie gekommen, um den Ort zu wechseln, was vorher noch nicht der Fall war. Das Ziel, einen Ort der Erholung für geistliche Diener an vorderster Front zu errichten, ist jetzt in Gottes Zeitplan dran. Heute brauchen wir mehr denn je solche Leute, die an die vorderste Kampffront eilen und die Hoffnung und Herrlichkeit Jesu verkünden. Diese Diener, mich eingeschlossen, brauchen einen Ort, an den sie sich zurückziehen können, wenn sie sich verausgabt haben, um wieder aufzutanken, damit wir wieder an die Front rennen können, erfüllt von Gott, der aus uns herausströmt!

**Wirst du Gott gehorchen,
wenn sich eine Gelegenheit ergibt?**

Ich glaube, der Leib Christi steht jetzt vor einer Herausforderung. Wirst du Gott gehorchen, wenn sich eine Gelegenheit ergibt?

Meine Schafe hören meine Stimme, und ich kenne sie, und sie folgen mir (Joh 10,27).

9. *Richtig ausgerichtet – Schalte deinen Glauben ein!*

Als Mutter bin ich mir der Tatsache bewusst, dass die Freunde meiner Kinder – und auch das, was sie in sich aufnehmen durch das, was sie sehen oder hören – einen direkten Einfluss darauf haben, wer sie werden. Deshalb sind wir so sehr auf das bedacht, was unsere Kinder beeinflusst!

Und genauso ist es, wie ich bereits erwähnt habe, sehr wichtig, dass du darauf achtest, wen du an der Verheißung Gottes über deinem Leben Anteil haben lässt. Du kannst nicht darauf vertrauen, dass jeder die Stimme Gottes für dich hört! Auch wenn sie liebevolle Menschen sind und sich wirklich um dich kümmern, kann diese Sorge manchmal ihre Fähigkeit, Gott klar zu hören, überlagern und dazu führen, dass sie nur von ihren Gefühlen bestimmt werden.

Bitte Gott um ein paar glaubenserfüllte Freunde, die deinen Glauben stärken, die dich ermutigen, wenn du mal entmutigt oder enttäuscht bist, und die sich nicht scheuen, dich herauszufordern, wenn sie etwas anderes hören. Schließe dich mit Menschen zusammen, die voller Glauben sind und über das scheinbar Unmögliche hinaussehen können, das dir vielleicht gerade ins Gesicht bläst. Das sind diejenigen, die du jetzt im Gebet an deiner Seite brauchst. Sie sind es, die du um Rat fragen solltest.

Ich weiß, dass du jetzt vielleicht sagst: „Aber Ana, so jemand fehlt mir gerade in meinem Leben." Eine andere Möglichkeit, dich mit einer glaubenserfüllten Person zu verbinden, ist, ihren Dienst in Anspruch zu nehmen. Studiere ihre Bücher, besuche eventuell eine ihrer Schulungen, finde einen Weg, sie zu segnen – sei es finanziell oder indem du ihnen einen Dankesbrief schreibst. Wenn du in ihren Dienst investierst, machst du dich gewissermaßen eins mit ihnen.

10. *Erinnere dich an deine Geschichte mit Gott*

Der letzte, aber vielleicht einer der wichtigsten Schritte (eigentlich ist jeder Schritt superwichtig) ist, dass du auf dem Weg zu deiner Verheißung von Gott, der sich manchmal anfühlt, als würdest du einen riesigen Berg hinaufstapfen, in Dankbarkeit zurückblickst und dich an all die Zeiten erinnerst, in denen Gott in deinem Leben treu gewesen ist.

Das war einer der hilfreichsten Schlüssel, die ich in den letzten sechs Jahren gelernt habe. Immer wenn du entmutigt bist, möchte der Feind nichts lieber, als dass du deine Situation betrachtest und die Fortschritte übersiehst, die du gemacht hast.

Nachdem sie den Jordan überquert hatten, gab Gott den Israeliten einen Befehl: Sie sollten als Akt der Erinnerung zwölf Steine aus der Mitte des Jordans holen. Damit sollten das Volk und seine Kinder daran erinnert werden, dass Gott sie auf wundersame Weise in das Gelobte Land gebracht hatte.

> *Diese Steine sollen als Denkmal dienen. Später werden eure Kinder einmal fragen: „Was bedeuten euch diese Steine?" Dann könnt ihr ihnen antworten: „Sie erinnern uns daran, dass der Jordan sich teilte, als ihn die Bundeslade des Herrn durchquerte." Diese Steine sollen eine ewige Gedenkstätte für das Volk Israel sein* (Jos 4,6-7 NLB).

Als ich auf diese Bibelstelle stieß, zeigte mir der Herr, dass die Israeliten dies zwar einmal taten, nachdem sie den Jordan überquert hatten, dass es mir aber helfen würde, mich in ähnlicher Weise an seine Treue während meines ganzen Lebens zu erinnern und ihm auf dem Weg zu unserer Verheißung zu danken.

Ich habe keinen Zweifel daran, dass du jetzt kurz davorstehst, „deinen Jordan" zu überqueren. Wäre die Erfüllung deiner Verheißung nicht nahe, hätte der Heilige Geist dich nicht so geführt, dass du diesen Abschnitt über die Israeliten liest, die den Jordan in ihr verheißenes Land überquerten. Aber das ist die Zeit, in der die Entmutigung am größten sein kann.

Jetzt ist es an der Zeit, einen Moment innezuhalten, auf dein Leben zurückzublicken und dich daran zu erinnern, wie treu Gott dich durch dein ganzes Leben geführt hat.

Der zweite Teil dieses Schlüssels besteht darin, sich einen Moment Zeit zu nehmen, um innezuhalten und Gott für seine Treue zu danken. Glaube mir, ich weiß, was ich schreibe! Jedes

Mal, wenn ich entmutigt war und mich von dieser Entmutigung abwandte, um Gott für die Momente zu danken, in denen er in meinem Leben treu war, schmolz die Entmutigung langsam dahin. Das gab mir die Ausdauer, weiterzumachen, den Berg weiter zu erklimmen und nicht in Hoffnungslosigkeit zu verfallen.

Es gab mir die Ausdauer, weiterzumachen, den Berg weiter zu erklimmen und nicht in Hoffnungslosigkeit zu verfallen.

Also tue das jetzt mit mir. Höre erst auf, wenn du das Gefühl hast, dass du fertig bist. Du kannst heute so viele Gedenksteine aufheben, wie du brauchst! Erinnere dich an deine Geschichte mit Gott.

Danke, Jesus, für die Zeit, in der du

____

____

Danke, Jesus, dass du folgende gute Sache in mein Leben gebracht hast:

____

____

Danke, Jesus, für

____

____

Nimm dich in Acht, dass du den HERRN nicht vergisst, der dich herausgeführt hat aus dem Land Ägypten, aus dem Sklavenhaus (5 Mo 6,12).

Kapitel 6

Überwinde die Riesen im Land

Jeder, der schon einmal für eine bestimmte Verheißung kämpfen musste, die Gott ihm gegeben hat, musste einige Riesen überwinden! Riesen sind die dämonischen Angriffe, die uns oft zurückhalten, uns in Furcht gefangen halten oder uns ganz einfach daran hindern, unserer Bestimmung zu folgen! Ich erinnere dich daran, dass der Feind nichts anderes will, als dich aufzuhalten, vorwärtszugehen!

In Bezug auf meine eigenen Zeiten des Durchbruchs ist mir ein Muster aufgefallen; vielleicht kannst du das nachvollziehen. Kurz vor einem großen Durchbruch oder einer Beförderung kommt oft eine ganze Menge Krieg, um diesen Durchbruch zu verhindern.

Der Durchbruch kommt nicht ohne Kampf! Wenn du nicht in gewissem Maße einen Kampf erlebst, möchte ich dich ermutigen, größer und weiter zu träumen. Dehne deine Glaubensmuskeln!

Ich erinnere mich an einen Tag, an dem ich mich auf den Weg machte, um eine Fernsehserie mit Kevin Zadai zu drehen. Als ich zur Haustür hinausging, stieß mich etwas buchstäblich die drei eisigen Stufen hinunter. Um 4 Uhr morgens – da anscheinend alle Flüge Kansas City in den frühen Morgenstunden verlassen – lag ich auf der Treppe und stöhnte vor Schmerzen.

„Das musst du schon besser machen, um mich auszuschalten, Teufel!“, sagte ich laut und wütend, als ich mich vom Boden erhob. Am Ende des ersten Drehtages hatte ich immer noch blaue Flecken an meinen Armen. Soweit zum Thema Kriegsführung!

Auch direkt nach einer großen Beförderung oder einem Durchbruch kann es zu einem Angriff kommen. Der Feind ist sehr gerissen, weißt du. Er wird dich danach mit Kämpfen überschütten, die dich dazu verleiten, vor dem Bereich der Verheißung, zu der Gott dich berufen hat, zurückzuschrecken und nicht in ihn vorzudringen. Es kann sein, dass du einen großen Fortschritt oder einen gefühlten Durchbruch auf dem Weg zu deiner Verheißung erlebst und dann nach Hause kommst und dort Unruhe herrscht. Kriegsführung.

Falls du dich gerade in einem kleinen Krieg befindest, ist die ermutigende Nachricht: Es gibt Hoffnung! Vielleicht bist du deiner Verheißung von Gott schon sehr nahe. Jetzt ist nicht die Zeit aufzugeben! Gehe weiterhin in Glaubensschritten vorwärts, auch wenn du dich schwach fühlst.

Dein kleines Ja ist immer noch ein Ja, und Gott wird deinen Gehorsam belohnen, wenn du die Schritte weitergehst, die er dir zeigt.

Mose schickte ein paar Spione voraus, um Kanaan, das Gelobte Land, zu erkunden, nur um zu sehen, womit sie es zu tun haben würden. Eigentlich keine schlechte Idee, wenn du mich fragst, aber dazu später mehr!

> *Seht euch das Land an und die Menschen, die dort leben. Findet heraus, ob sie stark oder schwach sind, zahlreich oder wenig* (4 Mo 13,18 HFA).

Die Spione kehrten zurück und gaben einen vollständigen Bericht ab:

> *Wir sind in dem Land gewesen, in das du uns geschickt hast. Du hattest recht: Dort gibt es sogar Milch und Honig im Überfluss. Sieh dir nur diese Früchte an! Allerdings leben mächtige Völker dort, und ihre Städte sind gewaltige Festungen. Wir haben Anakiter gesehen!* (4 Mo 13,27-28 HFA).

Die Anakiter waren Riesen! Es gab Riesen im Land!

Manchmal sieht unsere Verheißung, das, wofür wir bestimmt sind, wie eine uneinnehmbare Festung aus. *Wie soll ich das jemals schaffen, Herr? Wie kannst du einen Weg schaffen, wenn es unmöglich erscheint?*

Die „Unmöglichkeit" selbst wird der allererste Riese sein, dem du und ich uns stellen müssen. Jesus sagte:

> *Bei Menschen ist dies unmöglich, bei Gott aber sind alle Dinge möglich* (Mt 19,26).

Alle Dinge! Ja, sogar das, was dir heute direkt ins Gesicht starrt – sogar das! Bei Gott sind alle Dinge möglich.

Große Verheißungen erfordern großen Glauben. Und Glauben erwirbt man oft durch Prüfungen. Vielleicht wirst du gerade jetzt geprüft.

Glauben erwirbt man oft durch Prüfungen.

Unsere Prüfung: Große Verheißung, großer Glaube

Während ich dieses Buch schreibe, erlebe ich gerade meine eigene Zeit der Prüfung. Mein Mann und ich hatten uns auf die Suche gemacht, um das Land zu finden, das der Herr uns in unserer Vision gezeigt hatte, aber nachdem wir das verheißene Land gefunden hatten, war das nur ein kleiner Teil des wahren Kampfes.

Den Israeliten wurde befohlen, die Riesen zu besiegen, nachdem sie in das Gelobte Land eingezogen waren (vgl. 4 Mo 33,52). Ich finde es interessant, dass die Israeliten das Gelobte Land sahen, bevor sie hineingingen, um es einzunehmen. Die eigentliche Schlacht war die mentale Eroberung des Landes.

Zurück zu unserem Land. Wir fanden ein wunderschönes Grundstück, das sich so einzigartig von anderen abhob. Mein Vater, der uns begleitete, drückte es perfekt aus: „Wow, es ist so friedlich hier oben!"

Unsere Vision war ja, einen Ort einzurichten, an dem Propheten und Apostel Ruhe, Frieden und Visionen mit dem Herrn bekommen können, und deshalb schien dies das perfekte Land zu sein. Seine Schönheit war atemberaubend. Seine Ausdehnung war wie eine riesige Leinwand. Ich möchte aber hinzufügen, dass es auch nach einer Menge Arbeit aussah! *Könnte es das sein?,* fragten wir uns aufgeregt. *Mehr als sechs Jahre haben wir auf die Erfüllung dieser Verheißung gewartet, und konnte das wirklich unser gelobtes Land sein?*

Und dann standen wir vor unserem größten Berg, der wie ein Ding der Unmöglichkeit erschien – den Kosten. Im Moment haben wir etwa die Hälfte der Summe zusammen, die nötig wäre, um das Land zu erwerben. „Nicht annähernd genug", sagte der derzeitige Landbesitzer, als er über unser Angebot lachte.

„Aber Gott, du hast mir doch diese Verheißung gezeigt. Du hast mich aufgefordert, Schritte des Glaubens zu gehen, und ich habe alles getan, was ich tun konnte. Herr, könntest du diesen Berg bitte versetzen?", fragte ich eines Morgens im Gebet.

Nichts. Der Landeigentümer rührte sich kein bisschen.

Ich berichte in diesem Buch über unsere eigene Glaubensreise, auf der wir uns als Familie befinden, um dir zu zeigen, dass auch ich voll darin stecke! Im Moment kämpfe ich. Ich bin noch nicht auf der anderen Seite des Berges angekommen; ich lebe noch nicht in der Verheißung Gottes.

Gott hat das letzte Wort!

Aber ich glaube immer noch. Und ich glaube auch für dich. Gott hat das letzte Wort! Auch wenn im Moment scheinbar alles verschlossen ist und sich jede Tür vor deiner Nase schließt – Gott hat einen Plan und ein Ziel in all dem.

Manche Lehrer berichten erst nach ihrem Sieg von ihren Kämpfen. Ich bin eher ein gleichnishafter Prophet, was bedeutet, dass ich genau die Botschaft auslebe, die der Herr mir prophetisch gibt.

Ich glaube, dass heute der Tag ist, an dem du ein paar Riesen erschlagen kannst, angefangen mit ein paar, die Angst,

Enttäuschung, Hoffnungslosigkeit, Müdigkeit, Zweifel und Niederlage heißen.

Ja, es gibt vielleicht noch andere Dinge, die dir im Weg stehen – vielleicht sind auch die Finanzen, wie in unserem Fall, ein Riese für dich – aber ich glaube, dass die wirklich großen Riesen, die dir im Weg stehen, Angst, Enttäuschung, Hoffnungslosigkeit, Müdigkeit und Zweifel sind. Der Feind wird diese fünf benutzen, um dich daran zu hindern, voranzukommen, wenn du sie zu sehr beachtest.

Im Moment sieht der Berg für dich vielleicht einschüchternd aus. „Wie, Gott? Ich glaube, dass du es kannst, ich kann nur nicht sehen, wie“, könnte die Frage sein, mit der du ringst.

Die Niederlage ausmerzen

Während ich dies für dich schreibe, höre ich den Heiligen Geist sagen: „Es ist an der Zeit, dich vom Boden zu erheben.“ Natürlich nicht aus eigener Kraft, aber Jesus wird dir helfen. Du bist nicht besiegt.

In Jesu Namen bete ich und breche die Macht des Geistes der Niederlage, der dich verfolgt hat. Ich setze die Wahrheit über dir frei – dass du in Christus siegreich bist. Ich spreche 2. Korinther 4,8-9 über dir aus: Du bist in jeder Hinsicht bedrängt, aber nicht erdrückt. Du fühlst dich vielleicht niedergeworfen, aber du bist nicht zerstört. Du bist in deinem Kampf um deine Verheißung von Gott nicht verlassen. Du bist nicht besiegt. Amen.

Es ist an der Zeit, dich vom Boden zu erheben.
Jesus wird dir helfen.

Manchmal musst du das Wort Gottes, Anbetung und Danksagung nutzen, um dich vom Boden der Niederlage zu erheben. Hier ist meine persönliche Geschichte, wie ich mich dem Geist der Niederlage gestellt und ihn schließlich vertrieben habe. (Ja, die Niederlage ist ein Geist!)

Ich hatte einen Tiefpunkt auf meinem Weg, im Glauben zu stehen, erreicht. Ja, es gab auch Höhen! Wir alle gehen auf unserer Glaubensreise sowohl durch Täler als auch durch Höhen und Tiefen. Aber ich hoffe, dass das Mitteilen der sensiblen Dinge und das, was mir geholfen hat, aus dem Tief herauszukommen, auch dir helfen wird, wenn du dich heute an diesem Punkt befindest.

Ich fühlte mich total besiegt. Wir dachten, wir hätten das Land gefunden, aber es stellte sich heraus, dass es das nicht war. (Dazu später mehr.) Da ich mich also geschlagen fühlte und mein Glaube erschöpft war, musste ich eine Bibelstelle finden, auf die ich mich stützen konnte und die mir half, mich aus dem Graben der Entmutigung zu befreien.

„Ich vermag alles durch den, der mich stark macht, Christus“ (Phil 4,13 SLT) wurde zu der Bibelstelle, die ich wie ein Schwert benutzte, um aus dem Abgrund der Niederlage herauszukommen.

Ich ermutige dich, liebe Leserin, lieber Leser, deine Bibel herauszuholen und eine Bibelstelle zu finden, die du über dir proklamierst, wenn du spürst, dass eine Niederlage naht.

Ein weiterer Schlüssel, um die Niederlage auszumerzen, ist Anbetung. Es hat wirklich geholfen, mich an mein Keyboard zu setzen und mich zu zwingen, Jesus anzubeten, auch wenn mir nicht danach war.

David tat es, als er in völligem Entsetzen vor Saul floh. Da war er nun, der zukünftige König, und versteckte sich in einer Höhle. Das nenne ich mal ein Tal! Psalmen zu singen, um Gott zu loben, half ihm im Kampf gegen die Niederlage, also warum sollte es dir nicht auch helfen!

Das Lied „Remember“ von Bryan und Katie Torwalt ist das Lobpreislied, das mir am meisten geholfen hat, meine Niederlage zu überwinden. Ich ermutige dich, die Lautstärke aufzudrehen und es dir anzuhören.

Erinnere dich

von Bryan und Katie Torwalt

Wie schnell vergessen wir den Gott,
der in jedem Tag lebt
Wie leicht verlieren wir aus den Augen,
dass du im Alltäglichen wohnst.
Wie schnell vergessen wir die Kraft,
die durch unsere Adern fließt.
Die Art von Kraft, die Gräber leert.
Und, oh meine Seele,
denke daran, mit wem du sprichst –
mit dem Einzigen, vor dem sich der Tod verneigt.
Das ist der Gott, der mit dir geht.
Und, oh meine Seele,
du weißt, wenn er es einmal getan hat,
dann kann er das alles wieder tun.
Seine Kraft kann immer noch Tote auferwecken.
Sag mir nicht, er sei schon fertig damit.[1]

Wie man einen Riesen tötet

Ich möchte dir ein paar praktische Tipps geben, die ich jeden Tag anwende, um meine Ängste, Enttäuschungen, meine Müdigkeit und Zweifel zu besiegen, die sich gerade jetzt auftürmen, wo ich unser gelobtes Land noch nicht in Besitz genommen habe.

1. Das Wort

Es steht geschrieben: „Nicht von Brot allein soll der Mensch leben, sondern von jedem Wort, das durch den Mund Gottes ausgeht“ (Mt 4,4).

---

[1] Dt. Übersetzung des Originallieds „Remember“ von Bryan and Katie Torwalt.

Denn das Wort Gottes ist lebendig und wirksam und schärfer als jedes zweischneidige Schwert … (Hebr 4,12).

Ich gehe davon aus, dass du weißt, wie wichtig es ist, täglich das Wort Gottes zu lesen, und vielleicht weißt du auch, wie wichtig es ist, das Wort Gottes zu proklamieren und laut über dir auszusprechen. Aber darf ich dich etwas fragen? Tust du es wirklich?

Eines Morgens, während meiner Gebetszeit mit dem Herrn, fühlte ich mich von ihm herausgefordert. Er sagte: „Ana, ich möchte, dass du eine schriftliche Proklamation über das Land aufschreibst und sie täglich laut aussprichst. Du proklamierst nicht täglich die Verheißung – mein Wort."

Autsch! Es stimmte. Ich hatte viel Zeit damit verbracht, darüber zu beten und mich mit dem Herrn und engen Freunden über das Land zu unterhalten. Ich wusste, dass das Wort Gottes Leben in die Situation sprechen würde, wenn alles düster aussah, aber ich habe es nicht wirklich getan.

Daraufhin setzte ich mich hin, vertiefte mich in das Wort Gottes und schrieb unsere eigene Proklamation handschriftlich auf. Folgendes habe ich geschrieben, nur als Beispiel. Ich möchte dich wirklich dazu ermutigen, in der Bibel nachzuschlagen und deine eigene Proklamation zu verfassen.

Ich proklamiere, dass Gott alle unsere Bedürfnisse nach seinem Reichtum in Herrlichkeit durch Christus Jesus erfüllen wird. Gott wird für alle finanziellen Mittel sorgen, die nötig sind, um das Land in Besitz zu nehmen.

Wir werden es in Besitz nehmen, und es wird Frieden dort sein. Ich proklamiere, dass es ein Ort der Begegnung mit der Gegenwart des Herrn und ein Ort der Ruhe sein wird. Es wird eine Festtafel sein, ein Ort, an dem die Menschen an den Tisch des Herrn kommen und sich satt essen können. Das Land wird meinen Nachkommen garantiert zum Segen gereichen.

Im Glauben beanspruche ich, dass es uns gehört und dass der Herr sein Ja dazu gibt. Halleluja!

Als ich anfing, das Wort Gottes wie ein Schwert zu benutzen und meine Proklamation täglich laut zu lesen, konnte ich spüren, wie die Riesen der Hoffnungslosigkeit und Entmutigung den Raum verließen. Es ist erstaunlich, dass es tatsächlich funktioniert! Wenn ich das Wort Gottes benutze und es laut ausspreche, wird der Teufel buchstäblich in die Flucht geschlagen! Jedes Mal, wenn ich es laut ausspreche, fühle ich mich wie der kleine David, der seine kleine Schleuder mit Kieselsteinen über seinen Kopf schleudert und mit ihr direkt auf die Stirn des Feindes zielt. Jedes Mal, wenn ich es proklamiere, spüre ich, wie mein Glaube zunimmt.

Lass uns nun einen Moment innehalten, bevor ich dir den nächsten Schlüssel gebe. Nimm dir einen Moment Zeit und schreibe deine eigene, sich auf das Wort Gottes gründende Proklamation auf. Achte darauf, dass sie persönlich ist – schreibe sie in deinen eigenen Worten und so, wie du mit Gott sprichst. Hänge sie an einem Ort auf, an dem du sie jeden Tag sehen kannst.

2. Anbetung

In Psalm 100,4 heißt es, dass wir *„mit Dank in seine Tore und mit Lobgesang in seine Höfe einziehen. Preist ihn, dankt seinem Namen!“*

Wenn alles hoffnungslos aussieht, segne ihn. Wenn du dich sehr entmutigt fühlst, dass du am liebsten aufgeben würdest, dann danke ihm. Wenn du zweifelst, ob du Gott überhaupt richtig gehört hast, weil es schon so lange dauert und kein Sieg in Sicht ist, dann bete ihn an!

Glaube mir, das verändert etwas. Ich erinnere mich an einen Tag, an dem meine geistlichen Augen geöffnet wurden, um zu sehen, was genau passiert, wenn wir anbeten. Ich hatte ganze sechs Wochen lang die Stimme Gottes nicht hören können. (Als Prophetin ist das ein bisschen beängstigend!) Ich hörte nur noch die laute Stimme des Anklägers. Sechs Wochen lang spürte ich jeden Tag eine dämonische Präsenz um mich herum und die Lügen fingen an.

„Du verlierst die besten Jahre deines Lebens mit deinen Kindern."

„Du bist deiner Tochter nicht gut genug Mutter."

Lügen! Sechs Wochen! Sechs ganze Wochen ging es weiter!

Einmal wachte ich mitten in der Nacht auf und spürte die dämonische Präsenz wieder ganz nah bei mir in meinem Zimmer. In meiner Verzweiflung ging ich die Treppe hinunter und schrie zu Gott.

„Gott, ich kann dich nicht hören. Ich weiß, dass mich etwas verfolgt und versucht, mich anzuklagen und mich dazu zu bringen, den Dienst aufzugeben. Ich weiß, dass es Lügen sind, aber ich muss die Wahrheit von dir hören, Gott! Wo bist du, Gott?"

In diesem Moment begann ich anzubeten. Es war, ehrlich gesagt, nicht das schönste, tiefgründigste Lied. Überhaupt nicht! Was herauskam, war ein einfaches Lied mit Schluchzen – aber es war reine Anbetung. Es kam direkt aus meinem Herzen und war nicht mit grellen Lichtern oder Nebelmaschinen aufgemotzt.

Reine Anbetung.

In diesem Moment wurden plötzlich meine geistlichen Augen geöffnet und ich konnte den Wirbel von Dämonen sehen, der auf mich abgerichtet worden war. Ich konnte sie überall im Raum sehen. Als ich anbetete, schrien sie plötzlich auf und machten sich aus dem Staub!

Hast du das mitbekommen? Sie schreien und verziehen sich, wenn du anbetest.

Aber es muss uns klar sein: Manchmal müssen wir uns entscheiden anzubeten. Es fällt uns nicht leicht; vielleicht fühlst du dich nicht danach, weil das Leben gerade wirklich hart ist – aber du entscheidest dich dafür, es zu tun. Warte nicht, bis du Lust auf Anbetung hast. Tue es einfach. Jedes Mal, wenn wir innehalten und Jesus trotz unserer Gefühle für seine Güte danken und anbeten, führen wir Krieg gegen den Feind dieser Welt.

In dieser Zeit, in der ich noch auf meine Verheißung von Gott warte, ist Anbetung meine Waffe. Wenn ich merke, wie sich Entmutigung einschleichen will, gehe ich in mein Büro, schließe die Tür hinter mir, schalte mein Keyboard ein und fange an zu singen. Zurzeit lerne ich, die Bibelstellen zu nehmen, sie zu lesen und sie zu singen. Ich bin dankbar für Menschen wie Julie Meyer. Sie hat mich persönlich dazu inspiriert, die Bibel zu singen.[2]

Wenn ich bei Entmutigung anbete, spüre ich, wie er sich mir nähert. Wenn er sich mir nähert, spüre ich, wie mich Frieden überkommt, obwohl ich keine Antworten habe. Sein guter und vollkommener Friede begegnet mir dort, wo ich schwach bin.

Wenn ich „Danke, Jesus" für die guten Dinge in meinem Leben sage, richtet sich mein Blick über den aktuellen Sturm hinaus. Meine Perspektive verschiebt sich von meinem scheinbaren derzeitigen Mangel hin zu meinen vergangenen Siegen mit Gott. Ich werde an seine Treue erinnert. Wie ich in mein Tagebuch geschrieben habe:

> Ich habe dich gefunden, als ich zerbrochen war.
> Ich habe dich gefunden, als ich in Not war.
> Ich habe dich gefunden, als ich mich ergeben habe.
> Und ich habe dich am ehesten auf meinen Knien gefunden.

3. Gebet

> *Bittet, und es wird euch gegeben werden; sucht, und ihr werdet finden; klopft an, und es wird euch geöffnet werden!* (Mt 7,7).

Wusstest du das? Im Himmel gibt es buchstäblich einen Raum, in dem die Antworten auf unsere Gebete wie Pakete in Regalen liegen und die Wände säumen, soweit das Auge reicht, und die Engel warten nur darauf, dass ihnen König Jesus die Anweisung gibt, diese Antworten auf der Erde freizusetzen.

Jesus führte mich eines Tages dorthin. Ich sah einige Engel, die am Rande standen und warteten. Als ich mich in meinem Herzen darüber wunderte, hörte Jesus meine Gedanken und antwortete:

---

[2] Vgl. Julie Meyer, *Die Bibel singen,* GloryWorld-Medien 2019.

„Sie warten darauf, dass meine Heiligen unten beten und um das bitten, was sie brauchen. Denn das sind die Antworten auf ihre Gebete, aber manche haben Angst zu bitten."

Gebet funktioniert wirklich! Das Timing des Himmels ist anders als unser menschliches. Gott sieht das Gestern, das Heute und das Morgen. Im Himmel wird Zeit also ganz anders gesehen als bei uns auf der Erde. Du kannst es dir so vorstellen: Du und ich leben nach unserem Tod einfach in der Ewigkeit weiter. Erst neulich habe ich versucht, das meiner achtjährigen Tochter zu erklären. Sie macht sich darüber Gedanken, dass Menschen sterben und dass wir nicht ewig bestehen.

„Ja", sagte ich. „Unser Körper ist nicht von Dauer, aber dann leben wir einfach im Himmel weiter, also leben wir eigentlich ewig. Jetzt kommt es darauf an, was wir mit unserer Zeit hier auf der Erde machen."

Wenn du also im Verborgenen betest, solltest du wissen, dass deine Gebete erhört werden und Gott eine Antwort gibt. Diese Antwort kann anders aussehen als das, was du dir wünschst, da er eine andere Perspektive und Zeitvorstellung hat als wir. Er ist trotzdem gut und hat immer noch die Kontrolle.

Darf ich dich herausfordern? Was wäre, wenn deine Antwort im Himmel nur darauf wartet, dass du das Gebet betest, um sie freizusetzen?

Wofür kämpfst du im Moment wirklich? Das sind die Gebete, die wir beten müssen. Gebete voller Glauben!

Ich glaube, Gott wartet darauf, dass wir unser Erbe antreten und anfangen, die Gebete zu beten, die wirklich Glauben erfordern. Und wenn du mit Gott und nicht nur für dich selbst träumst, ist mit ihm alles möglich.

Es ist an der Zeit,
dass du einen Gottestraum bekommst!

Es ist an der Zeit, dass du einen Gottestraum bekommst!

4. Stelle dich auf die Verheißung

Deshalb ergreift die ganze Waffenrüstung Gottes, damit ihr an dem bösen Tag widerstehen und, wenn ihr alles ausgerichtet habt, stehen bleiben könnt! (Eph 6,13).

Eine meiner Lieblingsstellen in der Bibel ist die, wo Mose von Anfang an mit seiner Angst konfrontiert wird. Gott bittet Mose, seinen Stab auf den Boden zu werfen, und als er das tut, wird dieser zu einer Schlange.

Später sollte Mose mit genau diesem Stab ins Meer schlagen, um das Rote Meer zu teilen.

Wenn ich über das Leben von Mose nachdenke, gibt mir das immer wieder Hoffnung. Er ist eine Figur in der Bibel, die von Anfang an voller Glauben ist. Falsch! Als Gott Mose bittet, den Pharao zu konfrontieren und die Israeliten von den Ägyptern zu befreien, ist Moses erste Reaktion: „Wer, ich? Aber ich stottere doch, Gott! Ich kann nicht vor Menschen sprechen!" (Ich habe das hier sinngemäß ausgedrückt, aber es ist ziemlich nah dran!)

Den Punkt, an dem er zuvor geprüft wurde,
nutzte Mose später, um siegreich zu sein.

Ihr Lieben, Glaube wächst mit der Erfahrung. Der Glaube ist für mich wie eine Währung. Wenn du durch eine Prüfung gehst, kannst du den Moment, an dem du dich entschieden hast, im Glauben zu bleiben, für die kommende größere Prüfung einlösen. Den Punkt, an dem er zuvor geprüft wurde, nutzte Mose später, um siegreich zu sein. Denke an den Stab!

Gott wird dich zuerst im Kleinen prüfen, um zu sehen, wie du damit umgehst. Wo ist dein Glaube? Später dann, wenn du diese Prüfung bestanden hast, kannst du zurückblicken und sagen: „Weißt du noch, Gott, als ich diese Prüfung bestanden habe; wenn ich damals vertrauen konnte, dann kann ich dir auch bei dieser größeren Prüfung vertrauen. Du wirst mir helfen!"

Weißt du, was ich immer wieder in einer Vision gesehen habe, als ich für die Leser(innen) gebetet habe, die dieses Buch in die Hände bekommen würden? Ich sah eine Person, die mit ihren Füßen fest auf dem Boden stand. Ich sah, wie der Boden unter ihr zu schwanken begann, aber ihre Haltung blieb fest.

Gerade jetzt stehst du vor vielen Herausforderungen, vielen Momenten, in denen du zweifeln könntest. Es herrscht gerade ein Krieg um deine Haltung. Wirst du dich vom Zweifel leiten lassen? Wirst du dem Zweifel nachgeben? In dieser Zeit, in der du das verheißene Land betrittst, brauchst du Menschen, die etwas Mut und die Ausdauer und den Glauben haben zu sagen: „Nein, das ist es, was Gott mir gesagt hat, und ich werde mich nicht mit weniger zufriedengeben!"

Oft wird der Feind Menschen benutzen, um Zweifel in die Situation zu sprechen. Öffne deine Ohren für die Weisheit, aber verschließe sie dem Zweifel gegenüber. Vielleicht musst du beten: „Spricht da gerade die Weisheit, oder versucht der Zweifel, mich von meinem Ziel abzubringen?"

Das ist es, was Gott mir gesagt hat
und ich werde mich nicht mit weniger zufriedengeben!

Hier sind einige Glaubensbibelstellen, über die ich schon nachgedacht habe, wenn ich mich aufbauen und ermutigen musste:

> *Er hat da, wo nichts zu hoffen war, auf Hoffnung hin geglaubt* (Röm 4,18 SLT).
>
> *Meine Schafe hören meine Stimme, und ich kenne sie, und sie folgen mir* (Joh 10,27).
>
> *Sorgt euch nicht um euer Leben* (Lk 12,22 SLT).
>
> *Es ist aber der Glaube eine feste Zuversicht auf das, was man hofft, eine Überzeugung von Tatsachen, die man nicht sieht* (Hebr 11,1 SLT).
>
> *Die vollkommene Liebe treibt die Furcht aus* (1 Joh 4,18).

Tu mir also einen Gefallen und – als prophetischer Akt – stehe auf, wenn du kannst, und sage laut (denn in deinen Worten liegt Kraft): „Ich entscheide mich für den Glauben und ich werde nicht wanken!"

Ein Muster, das ich immer wieder aus erster Hand erlebe, ist, dass kurz vor einem Durchbruch oder einer Beförderung ein verstärkter Kampf im Geist stattfindet. Deshalb ist es so wichtig, dass du, wenn du auf einen Durchbruch drängst, ein paar Leute bittest, dich im Gebet abzudecken. Ich habe die Erfahrung gemacht, dass mehr Gebetsabdeckung gleichbedeutend ist mit weniger Kampf.

Mehr Gebetsabdeckung = weniger Kampf

Selbst jetzt, während ich diese Zeilen schreibe, spüre ich, wie sich der Kampf um unsere Familie verschärft. Die Enttäuschung darüber, dass wir das Land noch nicht bekommen haben, um das wir gekämpft haben, ist da, aber ich kann euch sagen, dass ich prophetisch spüre, dass wir sehr nahe dran sind.

Hattest du in letzter Zeit den Eindruck, dass der Kampf sich verstärkt hat? Der geistliche Kampf ist eine reale Sache. Das Wort sagt:

> *Denn unser Kampf ist nicht gegen Fleisch und Blut, sondern gegen die Gewalten, gegen die Mächte, gegen die Weltbeherrscher dieser Finsternis, gegen die geistigen Mächte der Bosheit in der Himmelswelt* (Eph 6,12).

Die gute Nachricht ist, dass du gerade nicht nur eine schwere Zeit hast. Nein, nein! Es gibt echte finstere Mächte, die dich daran hindern sollen, deine Bestimmung zu erfüllen.

Aber Jesus!

Ich will die Tatsache nicht kleinreden, dass es den Kampf gibt, aber es wäre ein Fehler, uns darauf zu konzentrieren. Es gilt immer noch, dass Jesus Satan besiegt hat.

Der Gott des Friedens aber wird in Kurzem den Satan unter euren Füßen zertreten (Röm 16,20).

Wir können also auch schon während des Kampfes siegreich sein!

Die zweite gute Nachricht ist diese. Wenn du spürst, dass der Kampf um dich herum (oder in deinen Gedanken) in letzter Zeit dramatisch zugenommen hat, bist du deiner Verheißung nahe.

Jetzt ist also die Zeit, im Glauben zu stehen.

Du lässt dich nicht von der Stelle bewegen, außer durch Gott.

Du hast ihn deutlich gehört.

Es ist an der Zeit, den Schild des Glaubens zu ergreifen (vgl. Eph 6,16).

In Jesu Namen befreie ich dich jetzt von einem Geist der Verwirrung, der in dieser Zeit über dir schwebt oder dir zugewiesen ist.
Ich bete, dass dir die Wahrheit und die Pläne des Himmels jetzt gegeben werden. Möge Gott Klarheit in deine Gedanken bringen, Klarheit über deine Richtung und Klarheit über deinen Fokus.
Ich bete, dass der Schalom-Friede Jesu sich jetzt über deine Gedanken, deinen Körper und deine Seele legt. Wir nehmen jetzt jeden Gedanken gefangen und unterstellen ihn dem Geist Christi. Amen.

5. Fange die Lügen ein

Fangt uns die Füchse, die kleinen Füchse, die die Weinberge verderben! Denn unsere Weinberge stehen in Blüte (Hld 2,15).

Wenn wir davon sprechen, dass wir unsere Gedanken gefangen nehmen, ist diese Bibelstelle so wichtig, weil unser größtes Schlachtfeld mit dem Feind oft in unseren Gedanken liegt.

Füchse können oft die Lügen sein, die der Feind uns einflüstert, wenn wir im Glauben kämpfen. Der Feind ist heimtückisch. Oft schleicht er sich durch die Hintertür ein und flüstert uns nur kleine Gedanken zu. Wenn wir diese Gedanken nicht zurückweisen, fangen sie an zu eitern und vergiften uns schließlich mit Zweifeln an der Verheißung Gottes.

Hier sind ein paar Füchse bzw. vom Feind eingeflüsterte Lügen, auf die du achten solltest und die ziemlich häufig vorkommen, wenn du kämpfst:

- „Ich kann nicht …“
- „Was, wenn das nicht Gottes beste Wahl ist?“
- „Ich werde nicht genug haben“ oder: „Gott wird mir nicht alles geben, was ich brauche.“
- „Was, wenn ich Gott falsch gehört habe?“
- „Andere werden mich nicht unterstützen.“
- „Ich bin nicht gut genug, klug genug, hübsch genug, wohlhabend genug, stark genug“ usw.
- „Ich werde nie frei davon sein.“
- „Es ist meine Schuld, dass ich festsitze.“
- „Es muss Gottes Wille sein, dass ich so bin.“
- „Gott wird sich nicht für mich einsetzen.“
- „Vielleicht sollte ich mich mit weniger zufriedengeben.“
- „Wenn ich das tue, wird der Kampf nie aufhören.“
- „Es ist zu schwierig.“
- „Das ist ein zu großes Wunder.“
- „Es wird nie geschehen.“
- „Vielleicht ist es nicht die richtige Zeit.“

Hast du eine gefunden, mit der du in letzter Zeit zu kämpfen hattest?

Nimm dir etwas Zeit und bete Folgendes, falls du eine Lüge in deinen Gedanken entdeckt hast. Du kannst in dieses Gebet auch eine andere Lüge einsetzen, wenn dir eine klar wird, mit der du wirklich zu kämpfen hast.

Jesus, ich kämpfe wirklich mit der Lüge, dass

____.

In Jesu Namen widerrufe ich meine Übereinstimmung mit der Lüge, dass

____.

Ich bete und beanspruche die Wahrheit, dass

____.

(Bitte hier den Heiligen Geist, dir die Wahrheit zu offenbaren).

Amen.

Was auch immer die Wahrheit ist, die der Heilige Geist dir offenbart hat, ich möchte dich ermutigen, sie wie eine Bibelstelle aufzuschreiben und sie dort anzubringen, wo du sie sehen kannst – an deinem Spiegel, auf deinem Computerbildschirm, in deinem Auto, vielleicht sogar auf einer Haftnotiz an der Innenseite deiner Schuhe (habe ich schon mal gemacht!).

Es ist wichtig, dass die Wahrheit Gottes dich in diesem Moment umgibt, damit du auf dem richtigen Weg und konzentriert bleibst und die feurigen Pfeile des Feindes auslöschst.

In der Fußnote zu Hohelied 2,15 der Übersetzung *Passion Translation* heißt es:

> Diese „Füchse" sind die Kompromisse, die tief in unseren Herzen verborgen sind. Es sind Bereiche unseres Lebens, in denen wir noch nicht zugelassen haben, dass der Sieg Christi zum Vorschein kommt. Die Füchse verhindern, dass die Frucht seines Geistes in uns wächst.

Was am meisten gefährdet wird, wenn wir um eine Verheißung Gottes ringen, ist unser Glaube.

Darf ich dich deshalb mit ein paar Fragen herausfordern?

- Wie steht es heute um deinen Glauben?
- Wird dein Glaube in letzter Zeit angegriffen?
- Welches ist die eine Wahrheit, die du heute für dich in Anspruch nimmst und über deine Situation proklamierst?

6. Stärke dein Netz – sammle deine Fürbitter

Vielleicht gehörst du zu den Menschen, die dies gerade lesen und schon einen verrückten Traum haben, den der Heilige Geist in sie hineingepflanzt hat. Du bist ein Pionier und stehst im Glauben für etwas, das viel größer ist als alles, was du alleine tun könntest. Darf ich dir einen Tipp unter Pionieren geben? Rufe ein paar andere Freunde zusammen, die voller Glauben sind und mit dir den Himmel in Bezug auf deine Verheißung stürmen.

Als Pioniere neigen wir dazu, getrieben und unabhängig zu sein, manchmal auch schmalspurig zu denken. Gibst du mir hier ein Halleluja dazu? Ja, genau! Ich spreche zu dir! Und auch zu mir!

Vor einiger Zeit habe ich gelernt, wie wichtig es ist, dass du Menschen in den Traum einbeziehst, den Gott dir aufgetragen hat, und sie bittest, dich im Gebet zu unterstützen. Ich bin davon überzeugt, dass viele unnötige Kämpfe, die wir als Leiter an vorderster Front durchmachen, darauf zurückzuführen sind, dass unser Netz von Fürbittern, die uns stützen, schwach ist.

Als ich zum ersten Mal einen Dienst anfing, waren die Kämpfe, die wir als Familie durchmachten, wirklich verrückt. Vor einer Reise bat ich Freunde eher beiläufig um Gebet. Seit mir aber klar ist, wie wichtig es ist, Fürbitter zu haben, die mir im Gebet zur Seite stehen, habe ich aufgehört, sie nur beiläufig um Gebet zu bitten.

Das Gebet setzt Dinge vom Himmel frei. Es ist wichtig, dass du Menschen um deine Berufung, deine Vision und deine Bestimmung versammelst und sie bittest zu beten – auch wenn es nur eine Person ist. Wenn ich „beten“ sage, meine ich nicht nur die lockere Antwort: „Ja, ich werde für dich beten“, aber dann beten sie nicht wirklich. Ich meine Menschen, die, wenn du sie bittest, für dich zu beten, in der Fürbitte den Himmel stürmen und mit dem Wort als Schwert Dinge in die Situation hineinproklamieren. Ich habe mich schon oft auf meine Fürbitter verlassen, wenn ich ihnen eine SOS-E-Mail oder eine SMS schickte und sagte: „Bete jetzt!"

Sobald ich ein besseres Netz von Fürbittern hatte, die meinen Dienst mit ihren Gebeten unterstützten, ratet mal, was dann geschah? Viel weniger Kämpfe!

Gebet wirkt!

Es ist Zeit, die Gebete zu beten, die die Antwort des Himmels freisetzen.

Hier sind ein paar Bibelstellen, die deine Fürbitter über dir und in Bezug auf die Verheißung Gottes beten sollten:

> *Und ich werde den Schlüssel des Hauses David auf seine Schulter legen. Er wird öffnen, und niemand wird schließen, er wird schließen, und niemand wird öffnen* (Jes 22,22).

> *Und der HERR wird dich zum Haupt machen und nicht zum Schwanz, und du wirst nur immer aufwärtssteigen und nicht hinuntersinken, wenn du den Geboten des HERRN, deines Gottes, gehorchst, die zu bewahren und zu tun ich dir heute befehle* (5 Mo 28,13-14).

> *Er gebe euch nach dem Reichtum seiner Herrlichkeit, mit Kraft gestärkt zu werden durch seinen Geist an dem inneren Menschen* (Eph 3,16).

Lies auch den ganzen Psalm 91.

7. Besorge dir Weisheit

> *Nimm dir die Lebensweisheiten zu Herzen, die ich dir weitergebe, achte genau auf sie und werde klug! Ringe um Verstand und Urteilskraft, suche danach voller Eifer wie nach einem wertvollen Schatz! Dann wirst du den HERRN immer besser kennen lernen und Ehrfurcht vor ihm haben. Er allein gibt Weisheit, und nur von ihm kommen Wissen und Urteilskraft. Aufrichtigen Menschen schenkt er Gelingen; er hilft allen, die so leben, wie es ihm gefällt* (Spr 2,2-7).

In Gibeon erschien der HERR dem Salomo in einem Traum bei Nacht. Und Gott sprach: Bitte, was ich dir geben soll! ... [Da sprach Salomo:] So gib denn deinem Knecht ein hörendes Herz, dein Volk zu richten, zu unterscheiden zwischen Gut und Böse. Denn wer vermag dieses dein gewaltiges Volk zu richten? (1 Kön 3,5.9).

Weisheit ist für uns Pioniere ein wichtiger Schlüssel. Ich weiß, dass ich mich immer wieder an die Pioniere wende, aber als ich für dieses Buch gebetet habe, hatte ich das Gefühl, dass viele, viele Pioniere diese Seiten lesen werden.

Wenn du in das Neue hineingehst oder um einen Durchbruch kämpfst, ist es so wichtig, einen Schritt zurückzutreten und um Weisheit zu bitten. Oft fällt es uns schwer, einen Schritt zurückzutreten, vor allem wenn wir so lange gekämpft haben. Es kann sein, dass uns jemand seine Gedanken mitteilt, und die fleischliche Versuchung besteht manchmal darin, stolz zu antworten: „Das habe ich schon mal probiert und es hat nicht funktioniert", oder: „Daran habe ich auch schon gedacht, aber ..." usw.

König Salomo wurde die goldene Frage gestellt, die sich wohl jeder von uns wünscht. Stell dir vor, Gott selbst kommt heute auf dich zu und sagt: „Bitte mich um das, was du willst." Was würdest du sagen?

Weil er um Weisheit bat, hatte Salomo Gunst!

Ich erinnere mich, wie ich vor vielen Jahren Patricia King, meiner geistlichen Mutter, gegenübersaß. Ich erzählte ihr von der Vision des Herrn und dem Wort, das Sam und ich gehört hatten, dass wir umziehen würden, um einen Erholungsort zu bauen.

„Was denkst du, wo es sein wird?", fragte sie.

Ich erzählte ihr, ich hätte mich gefragt, ob wir zurück nach Redding in Kalifornien, ziehen würden – dem Ort, an dem wir während unseres ersten Ehejahres gelebt hatten. Aufgeregt erzählte ich ihr: „Ich werde diesen Herbst mit meiner Assistentin dorthin fahren und einfach meine Füße auf das Land setzen und sehen, was Gott dazu zu sagen hat." „Hmm", überlegte sie kurz. „Ich glaube nicht, dass du dort die gleiche Gunst finden wirst, wie bei deinem ersten Besuch“, antwortete sie.

Autsch! Das war nicht die Antwort, die ich gerne gehört hätte. Aber weißt du was? Sie hatte Recht! Sie hatte vom Herrn genau gehört und weise gesprochen.

Nebenbei bemerkt: Ich habe meine Zeit in Redding geliebt, und ich liebe immer noch den besonderen Platz, den die Bethel Church in unseren Herzen hat – aber es war einfach nicht dasselbe. Als ich über das Gelände lief, hörte ich die klare Anweisung des Heiligen Geistes: „Dies wird ein Ort sein, an den du gehst, um dich zu erfrischen, aber nicht der, wohin ich dich führe.“

Es ist nicht immer einfach, eine andere Meinung als die eigene zu hören, aber es ist so wichtig.

Denke einmal an jemanden in deinem Leben, der dich gut kennt, der das Beste für dich will und bereit ist, dir ehrlich seine Meinung zu sagen. Lade die Person zum Mittagessen ein und erkläre ihr genau die Verheißung Gottes, um die du kämpfst. Bitte sie, für dich zu beten und den Herrn zu suchen und dir Gottes Weisheit weiterzugeben, wenn sie etwas hört.

Auf der anderen Seite solltest du, wenn du im Glauben agierst, vorsichtig sein, von wem du einen Rat annimmst. Achte darauf, dass die Person nicht aus Angst oder Kontrolle handelt, sondern wirklich den Herrn für dich sucht. Achte darauf, dass sie voller Glauben ist und keine Angst hat, dich mit der Wahrheit zu konfrontieren. Das ist Weisheit!

8. Keine Kompromisse

Hast du ein klares Wort von Gott gehört, darfst du keine Kompromisse eingehen.

Mache keine Kompromisse.

Ich weiß noch, wie ich vor ein paar Monaten in der Gemeinde von Joan Hunter diente. Niemand im Raum wusste es, aber während der Anbetung sprach ich mit dem Herrn und hörte von ihm etwas über unser zukünftiges Land. Ich erinnerte Gott an seine Verheißung für uns, und er antwortete mir.

Mitten in meinem Gespräch mit dem Herrn begann jemand von der Bühne aus etwas über Kompromisse zu sagen. Da ich in meinen Gedanken und in meinem Gespräch mit Gott aufgeschreckt wurde, weiß ich noch gut, was die Person sagte: „Gib dich nicht mit weniger zufrieden! Ich wiederhole, gib dich nicht mit weniger zufrieden!" Das Feuer Gottes traf mich und ich wusste, dass der Herr diese Botschaft ausposaunte.

Der Herr hatte Mose und dem Volk Israel eine wunderbare Verheißung gegeben – das Gelobte Land, das Land, in dem Milch und Honig fließen. Doch als sie den Jordan überqueren sollten, gab es eine ganz bestimmte Anweisung vom Herrn.

> *Und der HERR redete zu Mose in den Steppen von Moab, am Jordan gegenüber von Jericho, und sprach: Rede zu den Söhnen Israel und sage zu ihnen: Wenn ihr über den Jordan in das Land Kanaan zieht, dann sollt ihr alle Bewohner des Landes vor euch her vertreiben und all ihre Götzenbilder zugrunde richten; und alle ihre gegossenen Bilder sollt ihr zugrunde richten, und alle ihre Höhen sollt ihr austilgen. Und ihr sollt das Land in Besitz nehmen und darin wohnen, denn euch habe ich das Land gegeben, es zu besitzen* (4 Mo 33,50-53).

Es gab also den Befehl, alle Bewohner des Landes zu vertreiben. Gott gab ihnen auch eine Warnung, wenn sie das nicht tun würden.

> *Wenn ihr aber die Bewohner des Landes nicht vor euch her vertreibt, dann werden die, die ihr von ihnen übrig lasst, zu Dornen in euren Augen und zu Stacheln in euren Seiten werden, und sie werden euch bedrängen in dem Land, in dem ihr wohnt. Und es wird geschehen: Wie ich gedachte, ihnen zu tun, so werde ich euch tun* (4 Mo 33,55-56).

Das ist eine ziemlich klare Warnung: Falls du nicht alle Menschen aus dem Land vertreibst, wenn du hineinziehst und es eroberst, wird es dir am Ende Ärger bringen.

Wenn du in der Bibel zum Buch Josua vorblätterst, passiert etwas sehr Interessantes mit den Gibeonitern und den Israeliten, das wir lesen und bedenken sollten.

Als Josua und die Israeliten begannen, Land zu erobern, wurden die Gibeoniten sehr listig und verkleideten sich als arme Außenseiter, die nur auf der Durchreise waren. Sie forderten Josua und die Israeliten auf, einen Bund mit ihnen zu schließen. Und rate mal, was passierte?

> *Und es geschah nach Ablauf von drei Tagen, nachdem sie einen Bund mit ihnen geschlossen hatten, da hörten sie, dass jene aus ihrer Nähe waren und mitten unter ihnen wohnten* (Jos 9,16).

Josua und die Israeliten missachteten die ihnen erteilten Anweisungen. Anstatt die Gibeoniter zu vertreiben, erlaubten sie ihnen, in ihrem gelobten Land zu bleiben. Ja, die Israeliten wurden getäuscht und belogen, aber sie hielten sich nicht an das, was Gott ihnen aufgetragen hatte. Sie gingen einen Kompromiss ein.

Und rate mal, was passierte? Später kamen fünf Könige, um das Volk von Gibeon anzugreifen, und Josua und die Israeliten mussten wegen dieses Schwurs für sie kämpfen. Fazit: Josua und die Israeliten mussten gegen etwas in den Krieg ziehen, was Gott nie vorgesehen hatte (vgl. Jos 10).

Hallo! Hast du das gelesen?

Wenn du und ich Kompromisse eingehen und uns mit weniger zufriedengeben als dem, was Gott versprochen hat, können wir am Ende mehr Probleme haben, als wenn wir von Anfang an auf Gott vertraut hätten. Am Ende ziehen wir unnötige Kämpfe auf uns.

Gib dich also nicht zufrieden. Wenn du darauf wartest, dass eine bestimmte Verheißung eintritt, gib dich nicht mit weniger zufrieden, wenn du im Glauben kämpfst und dem vertraust, was Gott gesagt hat.

Jetzt ist es wichtig, dass wir uns etwas Zeit nehmen und uns das ursprüngliche Wort, das der Herr zu dir und mir über unsere

Verheißungen gesprochen hat, noch einmal vor Augen führen. Welches sind die prophetischen Worte, die der Herr oder andere zu dir gesprochen haben?

Als gleichnishafte Prophetin (eine, welche die Botschaft, die Gott zur Gemeinde spricht, oft auslebt), verkünde ich genau diese Botschaft jetzt über mich! Gib dich nicht zufrieden und gehe keine Kompromisse ein!

Manchmal kommt in diesem Prozess des Wartens – oder wenn unsere Verheißung von Gott so weit hergeholt oder unmöglich erscheint – die Versuchung auf, sich mit etwas zufriedenzugeben, das der Verheißung ähnlich ist, aber ein bisschen weniger als Gottes Bestes. Es kann auch sein, dass dich ein falsches Wort von einem Außenstehenden vom Ziel abbringt, während du wartest. Obwohl es sich ähnlich anhört wie das, was Gott dir gesagt hat, ist es nicht ganz 100 Prozent das Wort; es ist nicht das, was Gott gesagt hat. Bestimmt hat gerade jemand eine Offenbarung bekommen, als er das gelesen hat! Halleluja!

Lasst uns Gott heute zutrauen, dass er uns sein Bestes gibt. Lasst uns glauben, dass sich das Wort, das er uns gegeben hat, nicht verändert hat und nicht weniger ist als das, was er gesagt hat. Lasst es uns wagen, Gott einfach sein Wort zu glauben.

Problemchen und Entmutigung

Dieses Buch wäre nicht vollständig, wenn es diesen ehrlichen, von Herzen kommender Abschnitt nicht enthalten würde, der dich hoffentlich ermutigt, egal, in welcher Phase des Prozesses der Erfüllung deiner Verheißung du dich gerade befindest.

„Wann werdet ihr denn umziehen? Wann kommt euer gelobtes Land?“, fragte mich ein Freund laut bei einem prophetischen Treffen vor einer großen Gruppe von Menschen.

„Bald!“, antwortete ich und lächelte. (Innerlich kämpfte ich.) Ich hatte mir überlegt, wie ich den Leuten am besten antworte, die mich fragen – wohlmeinende Freunde, die alle an die Verheißung für uns glaubten. Es war nicht das erste Mal, dass ich gefragt wurde, also hatte ich mir die beste Antwort zurechtgelegt.

Aber ehrlich gesagt zermürbte die ständige Fragerei jedes Mal meinen festen Glauben, wenn wir uns trafen. Ich wusste, dass unsere Freunde sich für uns freuten und für uns beteten, aber ich wünschte mir, ich könnte ihnen eine echte Antwort mit einem Zeitplan geben. Die Wahrheit ist, dass ich auch jetzt, wo ich dies schreibe, immer noch keine habe.

Ja, ich hatte Glauben.

Ja, ich vertraute.

Ehrliches Ja, der Prozess hatte mich auch müde macht!

Dann, eines Tages, kam plötzlich eine Dynamik in die Sache. Eine Frau, die ich auf einer Veranstaltung kennengelernt hatte, wandte sich an Sam und mich und brachte Hoffnung.

„Ich würde euch gerne helfen. Ich möchte, dass mein Anwalt sich das Grundstück ansieht, das ihr im Sinn habt", sagte sie und erinnerte mich daran: „Weißt du nicht, wer dein Papa ist?"

„Weißt du nicht, wer dein Papa ist?"

An diesen zuversichtlichen Satz werde ich mich wahrscheinlich für den Rest meines Lebens immer wieder erinnern!

Ihr Glaube hat meinen zum Besseren verändert. Ich dachte immer, ich hätte ziemlich viel Glauben. Ich habe Hunderte, wenn nicht Tausende von Wundern Gottes gesehen, aber trotzdem werde ich in diesem Bereich immer noch herausgefordert.

Wir hatten ein Grundstück gefunden, das uns gefiel und von dem wir dachten, dass es perfekt zu den Worten und der Vision passte, die Gott uns gegeben hatte. Voller Hoffnung planten wir einen Familienurlaub, um das Land zu erkunden. Meine eigenen Füße an den nächsten Ort zu setzen, an den Gott mich ruft, war schon immer etwas, das ich mit dem Herrn tun und von ihm bestätigen lassen musste.

Wir verliebten uns in das Land und die Möglichkeiten, die es bot. Als wir nach Hause zurückkehrten, begannen Sam und ich, mit Gott zu träumen. Wir druckten die Längen- und Breitengradkoordinaten des Grundstücks aus und stellten uns vor, wo wir das Haus für unsere eigene Familie errichten würden, wo eine große Anbetungshalle hinkommen würde, wo das Erholungshaus für Propheten, Apostel und Leiter von Diensten auf dem Grundstück stehen würde, wo die Wanderwege und wo die Orte, um Jesus zu begegnen, sein würden. Es war eine große Vision, aber wir hoben vor lauter Begeisterung schon etwas ab.

Und dann, eines Morgens, begann es einfach mit einem Gefühl. Nenne es Zweifel oder vielleicht sogar eine Ahnung. Ich begann, eine beunruhigende Frage in meinem Kopf zu hören: Aber was ist, wenn es nicht dieses Land ist?

Ich versuchte, die Frage beiseitezuschieben und weigerte mich immer noch, meinen Traum für das Land aufzugeben. Ich wies den Feind zurecht, weil ich glaubte, dass er derjenige war, der hier sprach. (Hoffentlich bin ich nicht die Einzige, die das tut.) Wir hatten die Bilder in unserem Büro aufgehängt, also legte ich in meiner täglichen Gebetszeit meine Hände auf die Bilder und proklamierte, dass der Herr noch viel mehr tun würde, als wir in unseren kühnsten Träumen erhofft hatten! Ich betete auch, dass der Herr alle Türen, die nicht von ihm sind, schließen und die richtigen öffnen möge, wie es in Jesaja 22,22 heißt:

> *Und ich werde den Schlüssel des Hauses David auf seine Schulter legen. Er wird öffnen, und niemand wird schließen, er wird schließen, und niemand wird öffnen.*

Wir versuchten dann telefonisch die zuständigen Genehmigungsbehörden zu erreichen, um herauszufinden, ob alles, was wir mit dem Land machen wollten, rechtlich erlaubt war. Eine Person nach der anderen sagte uns, wir müssten jemand anderen anrufen, der natürlich nicht abnahm oder uns nicht zurückrief.

Eines frühen Morgens, noch bevor die Kinder aufwachten, erblickte ich endlich die E-Mail, auf die ich gewartet hatte.

Die Betreffzeile lautete „Was das Land betrifft" und kam vom zuständigen Bezirksbeamten. Ein flaues Gefühl machte sich in meinem Magen breit. Dasselbe Gefühl, das ich schon einmal hatte und das ich so schnell verdrängt hatte, war wieder da.

Ich öffnete die E-Mail.

„Was das Land mit den Koordinaten angeht, die Sie uns geschickt haben, habe ich nicht so gute Nachrichten. Das Land ist durch das Bezirksgesetz geschützt und kann nicht geteilt werden, und es passt auch nicht wirklich zu der Vision, die Sie damit haben. Ich kann Ihre Vision für das Land nicht genehmigen."

Hier kam das, was ich gerne als Problemchen oder Stolperstein bezeichne. Und nur damit du es weißt: Wir haben dieses Problemchen leider noch nicht überwunden. Manche Leute erzählen ihre Geschichten gerne erst, wenn sie ihren Sieg errungen haben, aber das hier ist frisch aus der Presse. Während ich es schreibe, gehe ich es mit dir durch.

Traurig, ja.

Betrübt, ja.

Völlig entmutigt, niemals!

Wir alle erleben irgendwann einen Moment,
in dem wir uns neu orientieren,
vielleicht einen Schritt zurücktreten
und die Sache neu einschätzen müssen.

Ich bin überzeugt, dass wir alle irgendwann einen Moment erleben, in dem wir uns neu orientieren, vielleicht einen Schritt zurücktreten und die Sache neu einschätzen müssen. Befindest du dich gerade an diesem Punkt?

Es ist eine Zeit, in der wir uns fragen: Werde ich im Glauben stark bleiben, auch wenn ein Sturm aufzieht? Werde ich auch dann noch an seine Verheißung glauben, wenn mir eine geschlossene Tür ins Gesicht schlägt?

Also grub ich tief in mich hinein und stellte mir die Frage: „Was waren eigentlich die Worte, die der Herr zu uns gesprochen hat? Habe ich eines dieser Worte falsch interpretiert oder sie überdehnt, damit sie in mein Bild von dem passen, was ich dachte, er habe es gesagt?"

Gute, ehrliche Fragen. Danach verlief mein Gespräch mit Jesus in etwa so:

Herr, hilf mir, klar zu sehen. Ich bringe meine Enttäuschung über den Verlauf dieser Sache vor dich. Es hat lange gedauert, Herr, und ich habe viel recherchiert. Es war ein langer Prozess, dir zu vertrauen, als alles düster aussah.
Gott, ich weiß nicht, warum ich das tue, aber ich glaube immer noch. Ich glaube, dass du immer noch gut bist, auch wenn es sich so anfühlt, als wäre die Tür völlig verschlossen. Ich glaube immer noch an die Verheißung und ich glaube, dass sie aus irgendeinem Grund bald eintreten wird. Ich glaube, dass du klar bist und nicht in die Irre führst.
Du änderst dich nicht. Ich weiß, dass du derjenige bist, der mir diese Vision gegeben hat, also komm bitte und bringe Klarheit. Wo habe ich falsch gehört oder etwas falsch interpretiert, Gott?
Es fällt mir immer so leicht, für andere klar zu hören, aber für mich selbst ist es eine Herausforderung. Gott, ich zweifle an meiner eigenen Fähigkeit, in diesem Moment klar und deutlich für mich selbst zu hören.
Ich brauche deine Hilfe, Herr. Ich bete, dass sich der Nebel lichtet, damit ich den klaren, friedlichen Weg sehen kann, den der Himmel für mich vorgesehen hat.
Ich weigere mich zu glauben, dass diese Zeit umsonst war. Durch sie hast du mich so viel über das Vertrauen und das Feststehen im Glauben gelehrt. Meine Glaubensmuskeln sind stärker geworden. Meine Kühnheit, neue Wege zu gehen, ist gewachsen.
Ich werde nicht zulassen, dass der Feind mich dazu bringt, entmutigt und besiegt zurückzublicken. Herr, zeige mir den Weg nach vorne. Gott, wirst du mich in diesem Moment auffangen, der sich wie ein Rückschlag anfühlt?
Ich glaube immer noch daran und ich werde einfach nicht aufgeben. Amen.

**Ich glaube immer noch daran
und ich werde einfach nicht aufgeben.**

Er wirkt alles zum Guten

Wenn es dir wie mir geht und du dich gerade in einem Problemchen oder einem Hindernis auf dem Weg befindest, habe ich ehrlich gesagt keine Antworten für dich.

Aber ich habe Jesus. Er ist alles, worauf ich mich verlassen kann, und er ist alles, was du hast, wenn du mit dem Sturm der Entmutigung konfrontiert bist.

In Römer 8,28 heißt es, dass Gott *„denen, die Gott lieben, alle Dinge zum Guten mitwirken"* lässt, und das glaube ich wirklich. Ich verstehe vielleicht seinen Zeitplan oder seine Wege nicht, aber ich vertraue ihm in allem – auch in den Tälern.

Meine Enttäuschungen sind kein Spiegelbild seiner Liebe oder seines Charakters. Ich weiß, dass dieser Prozess mich weiterbringt. Meine Glaubensmuskeln werden gedehnt, und ich weiß, dass deine auch gedehnt werden! Werden wir heute wirklich glauben, dass sein Wort noch gilt, dass die Verheißung noch da ist? In den Büchern über große Glaubenshelden wird oft übersehen, welche Prozesse sie durchlaufen und welche Täler sie durchschritten haben, in denen ihr Glaube und ihre Liebe zu Jesus auf die Probe gestellt wurden und die den Charakter hervorgebracht haben, den sie heute haben.

Du bist noch im Werden! Du wirst noch entwickelt! Halleluja! Unsere Glaubensmuskeln werden heute stärker. Du bist dabei, auf eine neue Ebene des Glaubens befördert zu werden!

Lasst uns nun einen Moment Zeit nehmen und das absolute Gegenteil von dem tun, was der Feind dieser Welt von uns will. Lass uns Gott danken. Lass uns dieses Tal bzw. diesen Moment der Enttäuschung mit der Waffe des Lobpreises überwinden.

Josaphat schickte zuerst die Anbeter auf das Schlachtfeld (vgl. 2 Chr 20,21). Warum sollte er sein Anbetungsteam verletzen, magst du dich fragen? Weil er etwas wusste. Er wusste, dass die Kraft des Lobpreises und der Danksagung den Feind besiegt, wenn wir uns im dicksten Kriegsgetümmel befinden. Und die Überwindung von Enttäuschungen ist übrigens eine Zeit des Krieges!

Nehmen wir uns also einen Moment Zeit, um durch unsere Danksagung in seine Tore einzuziehen. Bete mit mir:

Danke, Jesus, für diese Prüfung heute.
Herr, ich preise dich, denn du bist gut, egal was passiert.
Ich danke dir, Herr, dass dein Wort in Jeremia 29,11 sagt, dass du einen Plan und ein Ziel für mein Leben hast, einen Plan, der mir nützt und nicht schadet, einen Plan, der mir Hoffnung und Zukunft gibt.
Ich danke dir, Gott, dass du souverän bist. Du kennst die Richtung und den Weg für mein Leben und meinen Dienst. Du weißt, was für meine Familie vor uns liegt. Ich preise dich, Jesus, dass du alles unter Kontrolle hast.
Ich danke dir, Gott, dass ich dich deutlich hören kann. Und ich danke dir, Herr, dass du immer noch eine Verheißung für mein Leben hast, auch wenn sie vielleicht anders aussieht als das, was ich in dieser Zeit erwartet habe. Du hast immer noch einen Plan, und der ist gut!
Ich danke dir, Jesus! Ich erkläre jetzt, dass dein Blut immer noch ausreicht, um mich zu erlösen, zu reinigen und zu befreien.
Ich danke dir, Herr, dass dieser Zustand nicht ewig dauern wird, sondern nur vorübergehend ist. Ich danke dir, dass ich meine Augen auf dich, Jesus, richten kann und dass du mir hilfst, dieses Tal der Enttäuschung zu überwinden. Halleluja!
Ich sehe vielleicht noch nicht das ganze Bild, aber ich danke dir, Herr, dass du mir den nächsten Schritt schenkst.
Ich danke dir für diesen Moment, der meinen Glauben stärkt.
Mein Herz erfreut sich an dem, den ich liebe.
Deine Liebe ist mehr als genug, um mich zu erhalten und zu erneuern. Halleluja!
Amen.

Kapitel 7

Ruhe ist Glaube

Ich weiß, was du denkst – Glaube und Ruhe scheinen nicht Hand in Hand zu gehen! Deshalb war ich sehr überrascht, als der Herr eines Tages zu mir über Ruhe sprach.

Um es zu verdeutlichen, wo wir im Ringen um die Verheißung Gottes standen: Wir glaubten seit über sechs Jahren an das Land, das der Herr mir zuerst gezeigt hatte. Ich hatte mich auf das Wort Gottes gestellt, gefastet und unzählige Stunden gebetet. Ich hatte die Vision mit einigen gläubigen Freunden geteilt und sie um Weisheit und Gebet gebeten. Wir hatten unsere Vision an die Wand gemalt, ihr dort die Hände aufgelegt und proklamiert, dass Gott treu ist. Ich hatte mir alle möglichen Gedanken darüber gemacht und mich gefragt, was ich sonst noch tun sollte. Sogar unsere kleinen Kinder beteiligten sich und beteten abends vor dem Schlafengehen oft mit uns für unseren „Bauernhof von Gott" (in den Worten meiner Tochter).

Und dann, eines Tages, sprach er etwas, das mich ein wenig überraschte. Es war früh am Morgen, bevor die anderen im Haus wach waren – was immer meine beste Zeit mit dem Herrn ist, möchte ich hinzufügen.

Ich konnte seine Gegenwart in dem Zimmer spüren, in das ich hineinging. „Herr. Ich weiß, dass du in der Nähe bist. Ich kann dich spüren. Was hast du auf dem Herzen, Abba?", flüsterte ich betend.

Und dann hörte ich seine Stimme: „Ana, ich möchte dir etwas zeigen“, sagte er. Und einfach so führte er mich in eine Vision hinein.

Ich sah mich und Jesus in einem offenen Boot sitzen, das einem großen Kanu ähnelte. Wir fuhren gemeinsam auf einen kristallklaren See hinaus. Stille. Ich traute mich nicht, etwas zu sagen, weil die Gegenwart Gottes so dicht war und ich nichts von dem verpassen wollte, was er vielleicht sagen wollte.

Schließlich, nach gefühlten Stunden, aber im Nachhinein betrachtet waren es nur zehn Minuten, in denen ich auf den Horizont des Sees starrte, sprach Jesus zu mir. Er sah mich mit einem Lächeln und einem Funkeln der Freude in seinen Augen an: „Ana, im Moment ist das Beste, was du tun kannst, einfach zu ruhen. Ruhe ist für dich Glaube.“

Und einfach so war ich wieder in meinem Büro und sah Jesus nicht mehr, aber seine Gegenwart blieb da. *Ruhe?*, dachte ich laut darüber nach. *Wie sieht das überhaupt aus?*

> *Aber die auf den HERRN hoffen, gewinnen neue Kraft; sie heben die Schwingen empor wie die Adler, sie laufen und ermatten nicht, sie gehen und ermüden nicht* (Jes 40,31).

Dann schlug ich diese Bibelstelle auf, und die Worte sprangen mir förmlich ins Gesicht, so wie es dir wahrscheinlich auch geht! Danke, Heiliger Geist! Das Bild vom Aufsteigen mit Flügeln wie Adler ließ mich innehalten.

Adler schlagen nicht krampfhaft mit den Flügeln, um ihr Gleichgewicht zu finden. Sie breiten majestätisch ihre Flügel aus, finden den richtigen Wind und gleiten friedlich über den Himmel. Adler haben außerdem einen Laserblick, mit dem sie ihre Beute anvisieren, wenn sie sie sehen.

Wir Pioniere sind in der Regel eher Draufgänger. Diejenigen von uns, die schon länger kämpfen und an ihrer Verheißung festhalten, haben oft Probleme damit, sich im Glauben vom Ort der Ruhe aus zu bewegen. Wir können so sehr in das Muster verfallen, im Glauben zu handeln und vorwärtszudrängen, dass wir vergessen, was Jesus uns über die Ruhe gelehrt hat.

So seid nun nicht besorgt um den morgigen Tag! Denn der morgige Tag wird für sich selbst sorgen. Jeder Tag hat an seinem Übel genug (Mt 6,34).

Eines Tages stiegen Jesus und seine Jünger in ein Boot, und er forderte sie auf: „Lasst uns über den See ans andere Ufer fahren!" Sie legten ab. Unterwegs schlief Jesus ein. Mitten auf dem See brach plötzlich ein gewaltiger Sturm los, und das Boot drohte vollzulaufen. In höchster Not beeilten sich die Jünger, Jesus zu wecken: »Herr!«, riefen sie, »Herr, wir gehen unter!« Jesus stand auf und befahl dem Wind und den tosenden Wellen, sich zu legen. Sofort hörte der Sturm auf, und es wurde still. „Wo ist denn euer Glaube?", fragte Jesus sie. Entsetzt und erstaunt sagten die Jünger zueinander: „Was ist das für ein Mensch? Selbst Wind und Wellen gehorchen ihm, wenn er es befiehlt!" (Lk 8,22-25 HFA).

Ich werde hier mal mutig sein und es einfach sagen. Einige von uns müssen es für eine gewisse Zeit sein lassen, unserer Verheißung nachzujagen, wenn er uns dazu aufruft, und einfach im Vertrauen ruhen.

Einige von uns müssen es für eine gewisse Zeit sein lassen, unserer Verheißung nachzujagen, wenn er uns dazu aufruft, und einfach im Vertrauen ruhen.

Ja, es gibt eine Zeit zu laufen! Ja, es gibt eine Zeit vorwärtszudrängen! Ja, es gibt eine Zeit, um im Glauben festzustehen. Aber weißt du, was für uns Pioniere am schwierigsten ist? Die Zeit, in der Gott uns bittet, alles niederzulegen und einfach nur auszuruhen.

Am nächsten Morgen meditierte ich über diese Bibelstelle und verarbeitete, was der Herr gesagt hatte. „Okay, Gott, wie sieht Ruhe überhaupt aus? Ich habe so lange im Glauben gestanden und gekämpft!" In diesem Moment erhielt ich eine SMS von Patricia King. (Patricia schreibt mir oft genau dann eine SMS, wenn ich sie am meisten brauche. Ich bin so dankbar für meine geistliche Mama und für das, was sie im Reich Gottes bewirkt hat).

Ihr Text sprang mir in den frühen Morgenstunden von meinem Handy entgegen. „Hast du das Gefühl, dass du dich vielleicht eine Zeit lang von der Suche nach dem Land ausruhen solltest? Ich habe das Gefühl, dass die Verheißung immer noch gilt, aber dass Gott dich vielleicht bittet, dich auszuruhen, einen Schritt zurückzutreten und eine neue Perspektive zu finden."

Ich musste herzhaft lachen! Junge, Gott kennt mich. Er kennt und versteht auch deine Natur! Ich weiß, dass du dieses Buch nicht aus Versehen in die Hand genommen hast. Du kämpfst und glaubst schon so lange für deine Verheißung von Gott. Zweifellos musstest du Entmutigungen überwinden und Momente überstehen, in denen du aufgeben wolltest. Ich weiß also, dass die Idee, einen Schritt zurückzutreten und sich von der Anstrengung des Kämpfens auszuruhen, dir jetzt vielleicht genauso widersprüchlich vorkommt wie mir an jenem frühen Morgen, als ich diese SMS erhielt.

Dann nahm mich der Herr in eine himmlische Vision mit. Ich fand mich in einem Gerichtssaal wieder. Dort gab es viele verschiedene Sitzplätze und außer mir befanden sich noch viele andere Menschen im Raum. Mein Name wurde aufgerufen, und ich wurde gebeten, vorzutreten und meinen Fall vorzutragen.

Als ich aufstand, spürte ich, wie die Furcht des Herrn über mich kam. Ich sah einen sehr großen Sitz in der Mitte der anderen Sitze und sah ein weißes Licht, das von ihm ausging. In diesem Moment wusste ich, dass dies meine Chance war, vor dem Vater meine Argumente für das Land vorzubringen.

Ich ergriff das Wort.

„Danke, dass du mir die Chance gibst, vor dir und den anderen hier im Gerichtssaal zu stehen. Ich komme heute zu dir, um dich nach dem Land zu fragen, das du uns versprochen hast. Gott, ich frage dich: Wo ist es? Warum hat sich die Verheißung noch nicht manifestiert? Du hast es mir in unzähligen Visionen gezeigt. Ich bin mit dir, Jesus, Hand in Hand durch das Land gegangen. Du hast zu mir gesprochen und mir versprochen, dass ich das Land erwerben kann und dass es ein Segen für Generationen sein wird. Ich habe Fürbitte getan, dein Wort proklamiert und bin im Glauben festgeblieben. Habe ich etwas falsch gemacht? Warum verzögert sich das?“

Dann passierte etwas, was mich auch jetzt noch zu Tränen rührt, während ich dies schreibe.

Der Vater stand auf.

Ich konnte sein Gesicht nicht sehen, aber ich sah sein Gewand. Eine donnernde Stimme antwortete mir. „Ana, du siehst meinen Prozess fälschlicherweise als Verzögerung. Ich bereite deinen Segen vor.“

Junge, diese himmlische Erfahrung im Gerichtssaal hat mein Denken über „Prozesse“ schlagartig verändert.[1] Glaubst du das heute auch? Gott bereitet deinen Segen vor.

Manchmal muss Gott uns fast auf den Kopf schlagen, um uns Sturköpfe dazu zu bringen, dem Gehörten zu gehorchen! (Oh Mann, während ich das schreibe, sehe ich schon die E-Mails eintrudeln, weil Leute das falsch verstehen! Nur zur Klarstellung: Gott ist ein liebender Gott. Er ist sanft, freundlich und weise. Manchmal muss er uns aber fast anschreien und uns Dinge immer wieder bestätigen, bis wir schließlich sagen: „Hm, vielleicht will Gott mir etwas sagen. Vielleicht sollte ich mein Verhalten ändern und gehorchen!“)

„Du siehst meinen Prozess fälschlicherweise als Verzögerung. Ich bereite deinen Segen vor.“

Könnte es also sein, dass Gott dich bittet, eine Pause vom Kämpfen einzulegen und eine Zeit lang auszuruhen? Er bittet

[1] Nebenbei bemerkt: Mein Freund Robert Henderson lehrt über die Gerichtssäle des Himmels. Er untermauert dies mit biblischen Erklärungen. Wenn du neugierig bist und mehr über das Wirken in den himmlischen Gerichtssälen wissen willst, empfehle ich dir seine Website roberthenderson.org.

dich nicht darum, aufzugeben. Ganz im Gegenteil. Er ruft dich an den Ort der Ruhe, an dem Jesus selbst war, als die Jünger mit dem Sturm konfrontiert waren. Im Moment mag alles düster aussehen, vielleicht sogar stürmisch, aber Gott hat es gesagt – dann soll es so sein.

Aber wie?, fragst du dich vielleicht. (Ich weiß es, weil ich an diesem Morgen dasselbe zu Gott gesagt habe!) Und weißt du was? Ich habe ihn gefragt, und ich war überrascht, als er antwortete.

„Hör auf, nach dem Land zu suchen. Hör auf, Tausende Immobilien-Websites zu durchsuchen, um herauszufinden, wo das verheißene Land ist. Eine Zeit lang, Ana, sollst du gar nicht suchen." Dann fügte er hinzu, weil er mich so gut kennt: „Und jedes Mal, wenn du in Versuchung gerätst zu suchen, schalte deinen Computer aus und sage laut: ‚Ich vertraue dir, dass es kommt, und ich glaube.'"

Als hätte er es gewusst, dass das eine Herausforderung für mich war. Zum Glück habe ich gute, enge Freunde, die mich daran erinnerten: „Aber hat Gott nicht gesagt, dass du dich jetzt von der Jagd nach dem Land ausruhen sollst?"

Deshalb möchte ich, dass du dir einen Moment Zeit für den Heiligen Geist nimmst. Frag ihn: „Gott, forderst du mich heraus, eine gewisse Zeit lang die Sache loszulassen? Und gibt es etwas Praktisches, das mir helfen könnte, mich auszuruhen?" Bete dies mit mir:

Gott, ich lasse mein Streben nach dieser Sache heute los. Herr, ich will dein Timing und deinen Frieden. Ich will dein Bestes und deinen Segen für diese Verheißung.
Ich gebe nicht auf, aber ich entscheide mich dafür, nicht mehr so sehr darauf zu drängen, die Dinge selbst in die Hand zu nehmen.
Gott, ich habe beschlossen, mich jetzt auszuruhen. Danke, dass du mir diese Gelegenheit gibst zu wachsen und dir in einem höheren Maß zu vertrauen. Amen.

Kapitel 8

Nimm es in Besitz – Es ist Zeit, dein Land einzunehmen!

Als ich über den Titel dieses Buches betete, sprach der Herr deutlich zu mir. Ich sah ein Bild von vielen Menschen, die etwas hinaufstürmten, was wie ein riesiger Berg aussah. Ich konnte sehen, dass ihnen der Geist der Niederlage dicht auf den Fersen war und sie vor Müdigkeit aufgeben wollten. „Gebt nicht auf!", wollte ich schreien. „Ihr seid so nah an der Verheißung!" Die Leute hatten nichts als schroffes Berggelände vor Augen und ahnten nicht, dass sie dem Ziel schon sehr nahe waren.

Jetzt ist der richtige Zeitpunkt! Wenn ich jetzt ein Trainer sein könnte, der direkt hinter dir läuft, würde ich rufen: „Gib nicht auf! Du bist gleich da!"

Du ahnst gar nicht, wie nah du dran bist!

Als ich die Vision des Erholungszentrums, die der Herr mir gegeben hatte, schon aufgeben wollte, sah ich plötzlich, wie eine Brücke gebaut wurde. Ich habe die Erfahrung gemacht, dass wir oft darauf warten, dass uns die Verheißung Gottes wie eine riesige Torte in den Schoß fällt. (Tut mir leid, ich habe gerade Hunger, und das war das Bild, das mir in den Sinn kam!)

Aber oft ist die Verheißung zum Greifen nah. Lass es mich noch genauer erklären. Wir erwarten oft, dass Gott ein Wunder *für* uns tut, aber er will vielmehr ein Wunder *mit* uns tun. Es gibt

Werkzeuge, die er dir unterwegs zur Verfügung stellt, die dir helfen, den Berg zu erklimmen, und diese Werkzeuge können durchaus Brücken oder andere Menschen sein, die deine Vision begleiten und dir helfen, die Verheißung zu verwirklichen.

Deshalb möchte ich, dass du dir selbst einen Gefallen tust. Lehne dich zurück und frage dich: „Was hat Gott mir bereits gezeigt, und welche Menschen hat er mir in den Weg gestellt? Gibt es irgendwelche Schritte, die ich gehen soll, die er mir bereits gezeigt hat?"

Nimm Anpassungen vor, entsprechend dem, wie Gott dich führt

Eine weitere Sache, die ich diesem Buch hinzufügen möchte und die für uns so wichtig war, um unsere Verheißung zu erreichen, ist: Mache keine Kompromisse, aber sei bereit, Anpassungen vorzunehmen.

Mache keine Kompromisse,
aber sei bereit, Anpassungen vorzunehmen.

Wie das Wort sagt: „Unser Erkennen ist Stückwerk" (vgl. 1 Kor 13,9). Gott zeigt uns eine Vision, und dann denken wir vielleicht, wir würden schon das ganze Bild verstehen, aber in Wirklichkeit sehen wir nur einen Teil davon. Das Wort und die Verheißung sind immer noch dieselben, aber sei bereit, den Weg dorthin anzupassen, wenn Gott dich so führt.

Auf unserer eigenen Suche nach diesem Grundstück dachten wir, wir wüssten, wo genau der Standort sein würde. Als ich dann eines Tages vor dem Herrn auf den Knien lag, hörte ich ihn deutlich sagen: „Bist du bereit, es aufzugeben? Bist du bereit, Anpassungen vorzunehmen?"

Sechs Jahre lang habe ich gekämpft, geglaubt und blieb fest, wenn andere mit ihren Bedenken zu mir kamen, habe manchmal gegen Entmutigung angekämpft, und jetzt wollte Gott, dass ich alles aufgab!

Achtung! Er könnte dich das Gleiche fragen.

Dann schlug ich meine Bibel auf und las eine Geschichte, die mir half, diesen Moment mit Jesus zu verarbeiten.

Und es geschah nach diesen Dingen, da stellte Gott den Abraham auf die Probe. Und er sprach zu ihm: Abraham! Und er sagte: Hier bin ich! Und er sprach: Nimm deinen Sohn, deinen einzigen, den du lieb hast, den Isaak, und ziehe hin in das Land Morija, und opfere ihn dort als Brandopfer auf einem der Berge, den ich dir nennen werde!
Da machte sich Abraham früh am Morgen auf, sattelte seinen Esel und nahm seine beiden Knechte mit sich und seinen Sohn Isaak. Er spaltete Holz zum Brandopfer und machte sich auf und ging an den Ort, den Gott ihm genannt hatte.
Am dritten Tag erhob Abraham seine Augen und sah den Ort von fern. Da sagte Abraham zu seinen Knechten: Bleibt ihr mit dem Esel hier! Ich aber und der Junge wollen dorthin gehen und anbeten und zu euch zurückkehren.
Und Abraham nahm das Holz zum Brandopfer und legte es auf seinen Sohn Isaak, und in seine Hand nahm er das Feuer und das Messer. Und sie gingen beide miteinander.
Da sprach Isaak zu seinem Vater Abraham und sagte: Mein Vater! Und er sprach: Hier bin ich, mein Sohn. Und er sagte: Siehe, das Feuer und das Holz! Wo aber ist das Schaf zum Brandopfer? Da sagte Abraham: Gott wird sich das Schaf zum Brandopfer ausersehen, mein Sohn. Und sie gingen beide miteinander.
Und sie kamen an den Ort, den Gott ihm genannt hatte. Und Abraham baute dort den Altar und schichtete das Holz auf. Dann band er seinen Sohn Isaak und legte ihn auf den Altar oben auf das Holz.
Und Abraham streckte seine Hand aus und nahm das Messer, um seinen Sohn zu schlachten. Da rief ihm der Engel des HERRN vom Himmel her zu und sprach: Abraham, Abraham! Und er sagte: Hier bin ich! Und er sprach: Strecke deine Hand nicht aus nach dem Jungen, und tu ihm nichts! Denn nun habe ich erkannt, dass du Gott fürchtest, da du deinen

Sohn, deinen einzigen, mir nicht vorenthalten hast.
Und Abraham erhob seine Augen und sah; und siehe, da war ein Widder hinten im Gestrüpp an seinen Hörnern festgehalten. Da ging Abraham hin, nahm den Widder und opferte ihn anstelle seines Sohnes als Brandopfer.
Und Abraham gab diesem Ort den Namen „Der HERR wird ersehen", von dem man heute noch sagt: Auf dem Berg des HERRN wird ersehen (1 Mo 22,1-14).

Letztendlich hat Abraham diese Glaubensprüfung bestanden. So schwer es auch zu verstehen ist, warum ein liebender Gott ihn dazu auffordert, die Verheißung aufzugeben, die er ihm schließlich selbst geschenkt hatte – dies war eine Prüfung: „Liebst du die Verheißung mehr, als du mich liebst? Wenn ich dich darum bitte, wärst du dann bereit, alles aufzugeben?"

Die Tränen liefen mir übers Gesicht und ich betete:

Gott, ich übergebe alles. Ich weiß nicht, warum du das verlangst, aber Herr, wenn du jetzt andere Pläne für meine Familie hast, dann will ich im Zentrum deiner Pläne sein und nicht meiner eigenen. Deine Pläne sind besser als meine eigenen. Ich verstehe es vielleicht nicht, aber ich werde dir vertrauen. Ich liebe dich immer noch.

Und dann kam die Stimme wieder: „Die Verheißung gilt immer noch, aber bist du bereit, Anpassungen vorzunehmen?"

Darf ich mir hier einen Moment Zeit nehmen und über dich prophezeien? Wir befinden uns in einer Zeit, die Flexibilität erfordert. Gott bittet viele von uns, etwas aufzubauen, aber während des Bauprozesses müssen wir bereit sein, alles niederzulegen, unsere eigenen Pläne aufzugeben, um sie danach mit einem Auftrag des Himmels wieder neu anzupacken. Wenn wir alles loslassen und uns ihm hingeben, weiß er, dass er uns mehr anvertrauen kann. Die Verheißung Gottes müssen wir niederlegen, an ihn zurückgegeben und vollständig loslassen, damit sie nicht zu einem Götzen wird, der über unserer Beziehung zu Jesus steht. Ich habe festgestellt, dass nach meinem eigenen Prozess des Loslassens die Dynamik kam.

Nach dem Loslassen kommt die Dynamik.

Weil wir nicht die volle Vision und Perspektive haben, die Gott hat, denken wir manchmal: *Das ist der einzige Weg, wie ich zu dieser Verheißung kommen kann.* Dann kann es sein, dass Gott dir auf dem Weg, den Berg zu besteigen, einen Heißluftballon reicht und sagt: „Ich habe eine andere Route für dich, um den Gipfel zu erreichen. Wirst du mir vertrauen?"

Jesus fragte mich also: „Bist du bereit, dich anzupassen?", und ich nahm diese Frage ernst. Es war eigentlich mehr ein Befehl als eine Frage. Natürlich haben wir einen freien Willen, aber wenn Jesus mich fragt: „Bist du bereit …", werde ich immer Ja sagen!

Als Nächstes fand ich mich in einer Vision mit dem Herrn wieder. Er spricht immer noch in Visionen und gibt manchmal Offenbarungen durch Visionen. Schau dir nur an, wie er im Buch der Offenbarung zu Johannes gesprochen hat! Du solltest natürlich immer alles, was du siehst, am Wort Gottes prüfen. Stimmt das, was du siehst, mit dem Wesen Christi überein, das in der Bibel beschrieben wird?

In der Vision führte mich Jesus in einen großen Raum im Himmel – einen, den ich schon einmal gesehen hatte. Dann entrollte er eine Schriftrolle und sagte: „Ich will dir noch ein paar Details über dein Land zeigen." Ich schaute ihm über die Schulter und sah hohe, spitze Bäume. Dann lächelte er und zeichnete mit seinem Finger eine gewundene blaue Linie durch die Mitte des Papiers. „Suche nach dem gewundenen Bach", sagte er.

Als ich aus dieser Vision herauskam, wusste ich, dass sich im Himmel etwas aufgetan hatte. Etwas, das sich zuvor verschlossen angefühlt hatte, wurde nun durch meine Bereitschaft, alles aufzugeben, geöffnet. Wir bekamen eine neue Klarheit. Sam und ich nahmen das Wort „Bist du bereit, dich anzupassen?" wirklich ernst. Lange Rede, kurzer Sinn: Der Heilige Geist nahm uns mit auf eine wunderbare Schatzsuche, bei der wir all die prophetischen Worte und Details, die der Herr uns im Laufe der Jahre mitgeteilt hatte, ausfindig machten, sie alle zusammenfügten und unsere bisherigen Erwartungen an das Land losließen. Und plötzlich tat Gott es.

Gott schenkte eine Überraschung!

Plötzlich tauchte genau unser verheißenes Land auf, auf dem ein Ort der Erholung für Propheten, Apostel und Leiter von Diensten entstehen sollte! Genau in diesem Moment wurde ein großes Grundstück zum Verkauf angeboten. Es hatte goldgelbe Felder, die ich schon seit Jahren in Visionen gesehen hatte, war von hohen, spitzen Bäumen gesäumt und hatte einen kleinen, gewundenen Bach, der mitten durch das Land lief.

Gott hat es die ganze Zeit vorbereitet. Oder vielleicht, nur vielleicht, hat er uns durch diesen Prozess vorbereitet.

Er hat uns durch den Prozess vorbereitet.

Mache keine Kompromisse, sondern sei bereit, dich anzupassen, wenn Gott dich führt. Das ist jetzt ein Schlüssel für dich und den Übergang in dein Land. Du stehst schon auf dem Gipfel.

Pass dich dem an, was die Stimme Gottes dir sagt. Lege deine eigene Agenda und selbst das, was du für den Plan gehalten hast, beiseite. Die Verheißung ist immer noch da, sie sieht vielleicht nur anders aus, als du erwartet hast oder wie du sie erreichen wolltest. Gott gibt dir jetzt die Pläne frei.

Ich habe keinen Zweifel daran, dass du mit Glauben und Vertrauen Schritt für Schritt ans Ziel kommst.

Jetzt ist die Zeit gekommen! Geh und nimm dein Land ein! Sei kühn und mutig.

> *Denn ihr geht über den Jordan, um hineinzuziehen, das Land in Besitz zu nehmen, das der HERR, euer Gott, euch gibt; und ihr werdet es in Besitz nehmen und darin wohnen* (5 Mo 11,31).

Über die Autorin

Ana Werner und ihr Mann Sam leben mit ihren zwei wunderbaren Kindern in Missouri. Sie ist die Gründerin von *Eaglets Network* und *Ana Werner Ministries.* Ana rüstet in ihrem internationalen Reisedienst Menschen dazu aus, im Geist zu sehen, prophetisch zu wirken und Heilung und Befreiung zu erfahren. Ihre Transparenz, mit der sie die Realitäten und Erfahrungen weitergibt, die sie im Himmel gemacht hat, bringt den Heiligen Geist, die Liebe des Vaters und die Kraft Gottes in den Raum, wenn sie spricht. Ana möchte Menschen leidenschaftlich gerne dazu bringen, dem Herzen Jesu zu begegnen.

Mehr über Anas Dienst und ihre Mentorenschaft erfährst du unter anawerner.org.

Weitere Produkte von GloryWorld-Medien

„Himmlische Bücher für die Erde"

Julie Meyer, Die Bibel singen

Wie jeder Christ Durchbrüche, Hoffnung und Heilung erleben kann; 176 S.; Pb

Das Wort Gottes singen kann jeder, und es hat in jeder Situation enorme Auswirkungen. Das ist die Erfahrung von Julie Meyer, über die sie in diesem Buch berichtet.

Dabei geht es nicht darum, musikalisch oder in einem Lobpreis-Team zu sein. Das Singen der Bibel ist ein mächtiges geistliches Instrument, das jeder persönlich anwenden kann, das aber auch in Gemeinschaft wirkungsvoll ist.

Julie Meyer berichtet sowohl von ihren persönlichen Durchbrüchen als auch von dramatischen Veränderungen der Atmosphäre an öffentlichen Plätzen, die sie durch das Singen der Bibel erlebt hat.

Jonathan Welton, Die Schule der Seher

Eine praktische Anleitung, wie man ins Unsichtbare hineinsehen kann; 224 S.; Pb.; Vorwort von Randy Clark

Viele Christen haben angefangen, übernatürliche Phänomene zu erleben: Träume, (offene) Visionen, Engel oder Dämonen. Aber es mangelt ihnen an solider biblischer Lehre und sie sind zu dem geworden, was man als *Seherwaisen* bezeichnet: Sie suchen verzweifelt nach jemandem, der sie trainiert, ermutigt und freisetzt.

Das Ziel von Jonathan Welton war deshalb, ein praktisches Handbuch herauszubringen, das den Leib Christi mit den Informationen ausrüstet, die notwendig sind, um in der Dimension des Prophetischen bzw. des Sehers zu wachsen und im Leben im Übernatürlichen Reife zu erlangen.

Dr. Charity Virkler-Kayembe / Dr. Mark Virkler
Höre Gott durch deine Träume

Gottes Reden in der Nacht verstehen; 288 S., Pb.

In der Bibel finden wir sehr viele Beispiele für Gottes Reden durch Träume. Auch heute möchte er uns durch Träume wichtige Botschaften zukommen lassen. Doch beachten wir sie oft wenig oder wissen nicht, wie sie zu deuten sind.

Diesem Missstand möchte dieses Buches abhelfen. Die Autoren haben sehr viele Erfahrungen im Umgang mit Gottes Reden gesammelt. Das Buch ist ein praktischer, leicht verständlicher und biblischer Leitfaden, um die Sprache zu verstehen, die Gott in unseren Träumen benutzt.

Bill Johnson / Randy Clark, Berufen zu heilen I

Grundlagen und Praxis des Gebets für Kranke, 240 S., Pb.

Jeder Christ kann von Gott gebraucht werden, um anderen Heilung zukommen zu lassen. Das ist das Anliegen der beiden Autoren. Dazu berichten Sie, wie Gott sie in den Heilungsdienst hineinführte, und legen anschließend klare biblische Grundlagen für das Heilungsgebet. Im umfangreichsten Teil gehen sie auf verschiedene Aspekte ein, die für eine Heilung förderlich sind, erläutern, wie seelische und körperliche Krankheiten zusammenhängen und stellen dann ein in der Praxis bewährtes Modell für das Gebet um Heilung vor, das für alle Christen leicht anwendbar ist.

Blake K. Healy, Durch den Schleier sehen

Eine Einladung in die unsichtbare Welt; 176 S. Paperback

Blake K. Healy sieht Engel und Dämonen seit seiner Kindheit – und zwar so klar wie natürlich sichtbare Dinge. Er sieht zum Beispiel Engel in Anbetungsgottesdiensten tanzen und Ermutigungsworte in die Ohren von Menschen flüstern, doch genauso sieht er auch Dämonen, die sich an Leute heften und so Abhängigkeiten, Lügen und Bitterkeit in deren Herzen und Gedanken aufrechterhalten.

In diesem Buch erzählt er einige dieser Begegnungen und wie er in dieser Gabe reifte und dabei die Angst und Verwirrung über die Dinge, welche er sah, überwand. Und ebenso, und wie er lernte, die Gabe des Sehens zu Gottes Verherrlichung zu nutzen und andere darin zu lehren.

„Ich wollte nicht, dass dieses Buch jemals endet!" (Bill Johnson)

Blake K. Healy, Unzerstörbar

Führe deine geistlichen Kämpfe aus der Perspektive des Himmels; 192 S., Pb.

Welche Fallen und Taktiken wenden Dämonen an, und wie können wir diese meiden?

Blake K. Healy kann schon seit seiner Kindheit Engel und Dämonen sehen. Dieses Buch fasst zusammen, was er in über dreißig Jahren über die Pläne des Feindes und ebenso die des Himmels gelernt hat.

Wir lernen, wie wir die Komplotte, Pläne und Lügen des Feindes aufdecken und abwehren können und gleichzeitig die Pläne des Himmel vorantreiben können.

Sein Hauptanliegen ist dabei, dass wir den geistlichen Kampf nicht aus eigener Kraft, sondern aus der Perspektive des Himmels führen, und ein Leben aufbauen, das unzerstörbar ist.

Dann können wir in unserem Umfeld – unserem Wohnviertel, unseren Schulen, Städten und Ländern – zu einem Leuchtfeuer der Herrlichkeit Gottes werden.

Beni Johnson, Der glückliche Fürbitter

Mit Gott die Welt bewegen, ohne die Freude zu verlieren

Vorwort von Bill Johnson; 180 S., Paperback

Beni Johnson (die Frau von Bill Johnson) nimmt uns mit auf ihre Reise von einer schüchternen Person zu einer kühnen, aber glücklichen Fürbitterin. Gott offenbarte ihr einen Weg, wie sie aus seiner Gegenwart und seiner Liebe heraus in Einklang mit seinem Herzen effektiv beten kann.

Fürbitte muss nicht dazu führen, dass uns die Anliegen, für die wir beten, unter Druck bringen oder emotional beeinträchtigen. Den Himmel auf die Erde zu holen, kann sogar regelrecht Spaß machen. Unmögliches wird plötzlich möglich – ob es dabei um „kleine" Dinge in unserem persönlichen Umfeld geht oder um die Veränderung des geistlichen Klimas über unseren Städten und Nationen.

Erica Willis, Kühn glauben

Wie einfaches, zuversichtliches Gebet das Übernatürliche freisetzt; 216 S.; Paperback

Lange Zeit dachte Erica Willis, die ganzen übernatürlichen Erfahrungen, wie Prophetie, Heilung, Wunder usw., seien nur etwas für „Superchristen".

Bis Gott ihr einen Weg zeigte, wie sie trotz ihres Eingespanntseins in Familie, Beruf und Gemeinde ihre Beziehung zu ihm so vertiefen konnte, dass diese Erfahrungen ganz natürlich zu einem Teil ihres Lebens wurden.

In diesem Buch erzählt sie auf kurzweilige Art ihre Geschichte und Erlebnisse. Entstanden ist eine praktische Anleitung für alle, die sich nach einer tieferen Beziehung zum Heiligen Geist sehnen.

James Goll

Die Gaben des Heiligen Geistes freisetzen

216 S., Paperback

Der Heilige Geist demonstriert Gottes übernatürliche Kraft durch seine Gemeinde heute, indem seine Herrlichkeit auf globaler Ebene freigesetzt wird. Alle Gaben Gottes sind immer noch voll funktionsfähig, und jeder einzelne Gläubige ist dazu bestimmt, im Fluss Gottes zu leben und seine Bestimmung zu erfüllen.

James Goll zeigt auf, wie der Heilige Geist durch die neun bekanntesten Geistesgaben wirkt und wie wir sie unter Gottes Leitung für die Erfüllung des Missionsbefehls einsetzen können.

Anhand vieler anschaulicher Beispiele aus der Bibel und aus der Gegenwart lernen wir, wie geistliche Gaben in der Praxis funktionieren. Aber es geht in diesem Buch nicht nur darum, wie man seine geistlichen Gaben entdeckt oder empfängt, sondern wie man sie freisetzt und weitergibt!

Michele Perry, Liebe hat ein Gesicht

Abenteuer mit Jesus im Krisengebiet des Sudan – auf einem Bein!; Vorwort von Heidi Baker; 220 S., Paperback

Ohne linke Hüfte und linkes Bein geboren, ist es für Michele Perry „normal", das Unmögliche zu erleben. Als Gott ihr den Auftrag gab, in den vom Krieg verwüsteten südlichen Sudan zu gehen und dort ein Waisenhaus zu eröffnen, hielten sie alle für verrückt. Aber sie erlebte Gottes Treue wie nie zuvor: Er führte sie in einen entspannten Lebensstil des Geliebtseins hinein, in dem alles möglich wird und Wunder zum Alltag gehören, ob es um seelische oder körperliche Krankheiten, mangelnde Ressourcen, Bedrohungen durch Kriminelle oder ihre eigenen Unzulänglichkeiten geht.

Rebecca Weisser, Die vier Gesichter des Vaters

Wie sich Gottes Charakter in seinen Söhnen und Töchtern entfaltet; 120 S., Paperback

Im Buch Hesekiel und in der Offenbarung werden die vier „lebendigen Wesen" vor dem Thron Gottes beschrieben, deren Gesichter denen eines Löwen, eines Adlers, eines Stiers und eines Menschen gleichen. Sie sind in ständiger Anbetung und spiegeln verschiedene Charaktereigenschaften von Gott, dem Vater, wider.

Rebecca Weisser untersucht diese Eigenschaften Gottes, führt uns aber darüber hinaus in praktischen Übungen selbst vor den Thron Gottes, wo wir mit diesen Wesen zusammen unseren Gott anbeten können, sodass sein Charakter auf uns übergeht.

Frank Krause, Die neun Schleusen des Herzens

160 S., Paperback

Wie geschieht es, dass die Verheißung Jesu, dass aus unserem Innern Ströme von lebendigem Wasser fließen werde, wenn wir an ihn glauben, zu unserem normalen Erleben wird? Dass andere uns als Quelle und nicht als Zisterne, als Oase und nicht als Wüste wahrnehmen?

Als Frank Krause diese Frage vor Gott bewegte, ließ dieser ihn im Geist sein eigenes Herz sehen und durchwandern. Er zeigte ihm, dass unser Herz neun „Schleusen" hat, entsprechend den neun Aspekten der Frucht des Geistes.

Diese Schleusen wollen in uns geöffnet und freigesetzt werden, damit der Geist mit ganzer Kraft durch uns strömen kann und wir mit seiner Frucht überfließen. Nun können wir auch anderen helfen, diese Fülle zu erleben, sodass in der Folge echte Gemeinschaften der Heiligen entstehen.

Henk Bruggeman

Das Herz des Vaters entdecken

Unsere Identität als Söhne und Töchter Gottes empfangen

200 S.; Paperback

Gott sehnt sich mehr denn je danach, seinen Kindern sein Vaterherz zu offenbaren. Er möchte, dass wir ihn nicht nur mit dem Kopf, sondern vor allem mit dem Herzen kennenlernen. Statt einer Distanziertheit soll eine innige Vertrautheit unsere Beziehung zu ihm prägen. Darüber hinaus möchte er uns aber eine neue Identität schenken: die Identität der Sohnschaft. Wir entdecken mehr und mehr, wie wir als echte Söhne und Töchter Gottes leben können.

Wayne Jacobsen, Geliebt!

Tag für Tag in der Zuneigung des himmlischen Vaters leben

240 S., Paperback

Jeden Tag ein Leben zu führen, in dem wir völlig sicher sind, dass wir bedingungslos von Gott geliebt sind – ist das wirklich möglich, und wie sieht das konkret aus?

Wayne Jacobsen bringt uns Schritt für Schritt nahe, wie tief die Liebe Gottes zu uns tatsächlich ist. Wir entdecken dabei, dass wir nicht zu Sklaven, sondern zu Söhnen und Töchtern berufen sind. Die liebevolle Zuneigung unseres Vaters im Himmel gilt uns in allen Umständen. Wir erfahren eine lebendige Beziehung zu ihm, die uns von der Qual der Scham befreit und uns so verändert, dass wir als seine Kinder leben können.

Luc Niebergall, Eine zeitlose Reise

Wie ich den Himmel erkunden und meine Identität empfangen durfte; 144 S., Paperback

Ab dem Alter von 16 Jahren wurde Luc Niebergall eine unglaubliche „Reise" in die Herrlichkeit der Person Jesu zuteil. Durch prophetische Begegnungen durfte er den lebendigen Gott erfahren.

Nach acht Jahren Visionen, Träumen und himmlischen Begegnungen hatte er den Eindruck, Gott wolle, dass er einiges von dem, was er ihm gezeigt hatte, in Form von Geschichten in einem Buch niederschreibt.

Dieses Buch ist ein Aufruf an die Söhne und Töchter Gottes, ihr volles Erbe zu empfangen, das darin besteht, in einer ewigen, intimen Beziehung zu Gott selbst zu leben.

Begegnen wir der intimen Liebe Gottes, des Vaters, fällt die falsche Identität der Waisenschaft von uns ab. Wir werden zu siegreichen Söhnen und Töchtern, welche den Nationen Heilung und Wiederherstellung bringen.

James Goll

Geistlich wahrnehmen und unterscheiden

Wie wir Offenbarungen empfangen, prüfen und anwenden können; 216 S.

James Goll erklärt, dass jeder Nachfolger Jesu geistliche Offenbarungen empfangen und prüfen kann, auch wenn einige als Propheten besonders begabt sind. Er legt präzise dar, wie wir unsere Sinne dem Heiligen Geist hingeben konnen, damit wir geistlich wahrnehmen konnen.

Und er erläutert, wie wir Offenbarungen prüfen, anwenden und letztlich verinnerlichen können, damit die Menschen sie nicht nur hören, sondern in uns sehen.

Für das vertiefte Studium ist ein Arbeitsbuch erhältlich.

Matthias Hoffmann, Gehimmelt leben

Den Himmel in unseren Alltag holen; 216 S., Paperback

Gehimmelt leben ist ein neuer Zugang zu einem alltagstauglichen Lebensstil der Intimität und Kraft aus der unmittelbaren Gegenwart Gottes, dort, wo sich Himmel und Erde berühren.

Das Buch strahlt eine tiefe, vertraute Freundschaft mit Abba-Vater aus. Es lädt ein, Altbekanntes aus einer anderen Perspektive zu betrachten und eigene beglückende Himmels-Erfahrungen zu sammeln.

Ein Buch für Tiefgänger, Fragensteller und Weiterdenker, das darauf wartet, im Alltag von jedem Leser persönlich weitergeschrieben zu werden.

Matthias Hoffmann

Gemeinschaft der Erwartungsvollen

Exodus und Metamorphose der Gemeinde Jesu in unseren Tagen; 176 Seiten, Paperback

Die Gemeinde Jesu befindet sich derzeit in einer Phase der Verwandlung. Weltweit verlassen Tausende ihre bisherigen kirchlichen Strukturen. Sie wollen nicht weg von Jesus, sondern suchen nach authentischer geistlicher Gemeinschaft. Der Autor nennt das die „Gemeinschaft der Erwartungsvollen".

Das Buch ist eine Einladung, dem nachzuspüren, was der Geist Gottes den Gemeinden heute dazu sagen will. Und der Autor ist sich gewiss, dass jeder, der sich Gott mit offenem Herzen und hungrigem Geist nähert, eine Antwort des Himmels bekommen wird.

Phil Mason, Quanten-Herrlichkeit

Die Wissenschaft von der Inbesitznahme der Erde durch den Himmel; 520 Seiten, Paperback

Quanten-Herrlichkeit erläutert auf eine äußerst spannende Weise die Zusammenhänge zwischen den faszinierenden Erkenntnissen der Quantenmechanik und der Herrlichkeit Gottes.

Der erste Teil untersucht die subatomare Welt und enthüllt ihren außergewöhnlich komplexen göttlichen Plan, der die Genialität unseres Schöpfers offenbart.

Im zweiten Teil erklärt der Autor ausführlich, wie die Herrlichkeit Gottes in unser physisches Universum eindringt, um Wunder göttlicher Heilung zu bewirken.

Michele Perry, Liebe hat ein Gesicht

Abenteuer mit Jesus im Krisengebiet des Sudan – auf einem Bein!; Vorwort von Heidi Baker; 220 S., Paperback

Ohne linke Hüfte und linkes Bein geboren, ist es für Michele Perry „normal", das Unmögliche zu erleben. Als Gott ihr den Auftrag gab, in den vom Krieg verwüsteten südlichen Sudan zu gehen und dort ein Waisenhaus zu eröffnen, hielten sie alle für verrückt. Aber sie erlebte Gottes Treue wie nie zuvor: Er führte sie in einen entspannten Lebensstil des Geliebtseins hinein, in dem alles möglich wird und Wunder zum Alltag gehören, ob es um seelische oder körperliche Krankheiten, mangelnde Ressourcen, Bedrohungen durch Kriminelle oder ihre eigenen Unzulänglichkeiten geht.

Dr. Larry Richards

Die volle Waffenrüstung Gottes

Gut geschützt gegen die Angriffe des Bösen; 208 Seiten, Pb.

Die Bibel macht deutlich, dass ein Großteil unserer Unsicherheiten, Ängste und Zweifel auf den Machenschaften böser Mächte beruhen. Deshalb ist es so entscheidend, dass wir sowohl die Strategien kennen, die Satan benutzt, um uns anzugreifen, als auch die Rüstung, die Gott uns zur Verfügung stellt, um uns dagegen zu schützen.

Eine biblische Dämonologie, Hilfen zum Umgang mit dem Bösen in der Seelsorge sowie Lektionen für „Lebe-frei-Selbsthilfegruppen" runden das Buch ab.

Bestellen Sie im Buchhandel oder direkt beim Verlag:

GloryWorld-Medien | Beit-Sahour-Str. 4 | D-46509 Xanten
Fon: 02801-9854003 | Fax: 02801-9854004 | info@gloryworld.de

Aktuelles, Leseproben, Downloads & Shop: **www.gloryworld.de**